兵庫 ご朱印めぐり旅

乙女の寺社案内

あんぐる著

CONTENTS

摂津

播磨

縁結び

MAP

生田神社
（P14）
神戸
三宮
三宮
三ノ宮
地下鉄
西神・山手線
阪急神戸線
阪神本線
地下鉄海岸線
三宮・
花時計前
阪神高速
3号神戸線
湊川神社
（P16）
神戸
JR神戸線
神戸八社めぐり（P46〜47）
A 一宮神社
B 二宮神社
C 三宮神社
D 四宮神社
E 五宮神社
F 六宮神社・
八宮神社
G 七宮神社
京丹後
大宮IC
JR山陰本線
髙座神社
（P86）
青垣IC
白毫寺（P82）
氷上IC
春日IC
JR福知山線
柏原八幡宮
（P84）
王地山
まけきらい稲荷
（P90）
妙福寺（P94）
大國寺（P92）
丹南篠山口IC
舞鶴若狭自動車道
播州清水寺
（P68）
清荒神
清澄寺（P38）
大林寺
（P43）
京都府
京都縦貫自動車道
北野天満神社
（P18）
氷室神社
（P42）
廣田神社
（P34）
宝塚IC
尼崎えびす
神社（P40）
念仏寺（P30）
西宮北口
阪急神戸線
阪神本線
西宮
長田神社（P24）
神戸
大阪梅田
須磨寺
（P26）
弓弦羽神社
（P22）
櫻井神社
（P44）
海神社
（P76）
能福寺
（P20）
越木岩神社
（P36）
水堂須佐男神社
（P45）
綱敷天満宮
（P28）
西宮神社
（P32）
大阪府

JR山陰本線
香住
香住IC
佐津IC
山陰近畿自動車道
桔梗の寺
遍照寺（P104）
出石神社
（P107）
淡路島七福神
（P118〜119）
H 八浄寺
I 宝生寺
J 智禅寺
K 長林寺
L 覚住寺
M 萬福寺
N 護国寺
淡路島
松帆神社
（P114）
津名
一宮IC
神戸淡路鳴門
自動車道
洲本IC
由良湊神社
（P116）
おのころ島神社（自凝島神社）
（P110）
日光寺
（P115）
西淡
三原IC
諭鶴羽神社（P112）
自凝神社・
沼島八幡神社（P117）
日高
神鍋高原
IC
宗鏡寺（沢庵寺）
（P102）
兵庫県
但馬 安國寺
（P106）
養父
養父IC
養父神社（P100）
和田山
IC
北近畿
豊岡自動車道
赤堂観音
蓮華寺
（P98）
高源寺（P88）
伊和神社（P107）
JR播但線
播但連絡道路
山崎IC
中国自動車道
多聞寺
（P70）
JR加古川線
書寫山
圓教寺（P52）
加西IC
滝野社
IC
廣峯神社
（P56）
浄土寺
（P66）
山陽
姫路西IC
山陽自動車道
山陽
姫路東IC
龍野IC
加古川北
IC
JR山陽本線
姫路
花田IC
相生
鹿嶋神社（P62）
三木小野
IC
赤穂IC
山陽電鉄本線
斑鳩寺（P72）
加古川
播州赤穂
JR赤穂線
第二神明道路
水尾神社（P77）
石寶殿
千姫天満宮（P77）
生石神社
（P64）
JR神戸線
赤穂大石神社（P74）
男山八幡宮（P77）
鶴林寺（P58）
播磨國総社・
射楯兵主神社
（P54）
高砂神社（P60）
淡路島

参拝するには

ご朱印はお参りをすませてからいただくのがマナーです。基本的なお参りの仕方を紹介します。

◆寺院の場合

一、山門（三門）で合掌

山門をくぐるときは、合掌一礼してから。数珠があれば、つけて合掌しましょう。脱帽も忘れずに。帰るときも本堂に向かって合掌一礼します。

二、手水舎《ちょうずや》・御手洗《みたらし》で心身を清める

最初に右手で柄杓を持ち、左手を清めます。次に左手に持ち替えて右手を清めます。再び右手に持ち替えて、左手に水をためて口をゆすぎます。最後に柄杓の首を持ち、立てるように傾けて残った水で柄を洗います。

三、お灯明やお線香がある場合は納める

お線香の数は、特に指定がなければ1本でかまいません。

四、静かにお参り

お賽銭を納め、静かに合掌します。数珠があればつけて合掌してください。ご本尊の真言などがあれば、その言葉を唱えましょう。

◆神社の場合

一、鳥居では一礼

鳥居の前では軽く一礼して、神様に敬意を示してからくぐります。帰りにも振り返って一礼しましょう。脱帽も忘れずに。

二、参道は真ん中を歩かず、道の端を歩く

参道の真ん中は正道といって、神様の通り道です。邪魔にならないように端を歩きましょう。

三、手水舎《ちょうずや》・御手洗《みたらし》で心身を清める

作法は寺院の場合と同じです。

四、お賽銭を入れる

お賽銭は投げずにそっと入れましょう。

五、鈴を鳴らす

鈴は神様にお参りに来たことをお知らせするものです。お賽銭を入れた後に鳴らします。

六、二礼二拍手一礼

二回軽く頭を下げたあとに二回拍手をして、手を合わせて祈ります。終わったら一礼します。

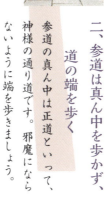

ご朱印をいただくには

ご朱印は参拝した証です。
お参りをすませてからいただきましょう。

一、ご朱印をいただきに

お参りを済ませたら、納経所や社務所に行きましょう。朱印所となっている場合もあります。

二、スムーズに

ご朱印帳の書いてほしいページを開いて渡しましょう。ご朱印の料金は、おつりが出ないよう小銭を用意しておきましょう。

三、静かに待って、質問は最後に

心をこめて書いていただいているので、静かに待ちましょう。質問は、両手でご朱印を受け取ってから。

四、ご朱印袋があると便利

ご朱印をいただくために、持ち運ぶことが多いご朱印帳。かばんの中でこすれて傷んだりしないように、カバーや袋があると便利でしょう。

◆こんな場合もあります

◆書置き

書き手の方が不在や多忙の場合、直接ご朱印帳に書いていただけないこともあります。そのときは、あらかじめ別紙に書かれているご朱印をいただく場合があります。ご朱印帳を忘れた場合も、別紙に書いていただくことになります。寺院によっては、書置きのみを授与しているところもあります。

◆すべてスタンプ・印刷

寺院によっては、寺院の印や社紋以外も、すべてスタンプや印刷の場合もあります。

◆ご朱印をいただけない？

小さい寺院などで書き手の方がいない場合や、神事などで神職の方が不在などの理由で、ご朱印がいただけない場合もあります。その際は、別の日にお参りするようにしましょう。

◆同じご朱印？

ご朱印は、必ずしも書き手がいつも同じ方とは限りません。特に大きな寺社では、ご朱印担当のスタッフも多く、書き手によって違うご朱印のように見えることもあります。以上の理由から、同じ寺社でもこの本に記載しているご朱印とまったく同じではない場合がありますので、ご了承ください。

○ワンポイントQ＆A

Q　ご朱印帳は、お寺と神社で分けたほうがいい？

A　日本では昔、神仏習合といって神様も仏様も同じように祀られていたので、基本的に問題はありません。持ち運びが便利で、お参りした順序がわかるから1冊の方がいいという場合もありますし、2冊に分けた方があとから整理しやすい、1冊だけど表は神社、裏はお寺にすれば、整理も持ち運びもラクという場合もあります。好みに応じて使うといいでしょう。

ご朱印の意味は

ご朱印の基本の様式と意味も知っておきましょう。

◆寺院　～須磨寺の場合～

奉拝・札所

「奉拝」は「参拝させていただきました」の意味。ご朱印は神社の俗称や札所霊場であることが示されます。

寺院名

寺院の名前が書かれています。山号も書かれる場合があります。

日付

参拝した年月日が入ります。寺院によっては、左側の余白に入れる場合もあります。

中央の文字

ご本尊や本堂の別称などが入ります。観音経のなかのことばが入ることもあります。

宝印

中央には、ご本尊をあらわす梵字（インドで使われていた漢字のようなもの）が入った印が押されます。

寺院の印

寺院名のご朱印。なかには山号を彫った印もあります。四角形がほとんどですが、円形や梵鐘印など変わった形もあります。

◆神社　～生田神社の場合～

奉拝

右上に「参拝させていただきました」という意味の「奉拝」が入ります。

日付

参拝した年月日が入ります。神社によっては、右側の余白に入れる場合もあります。

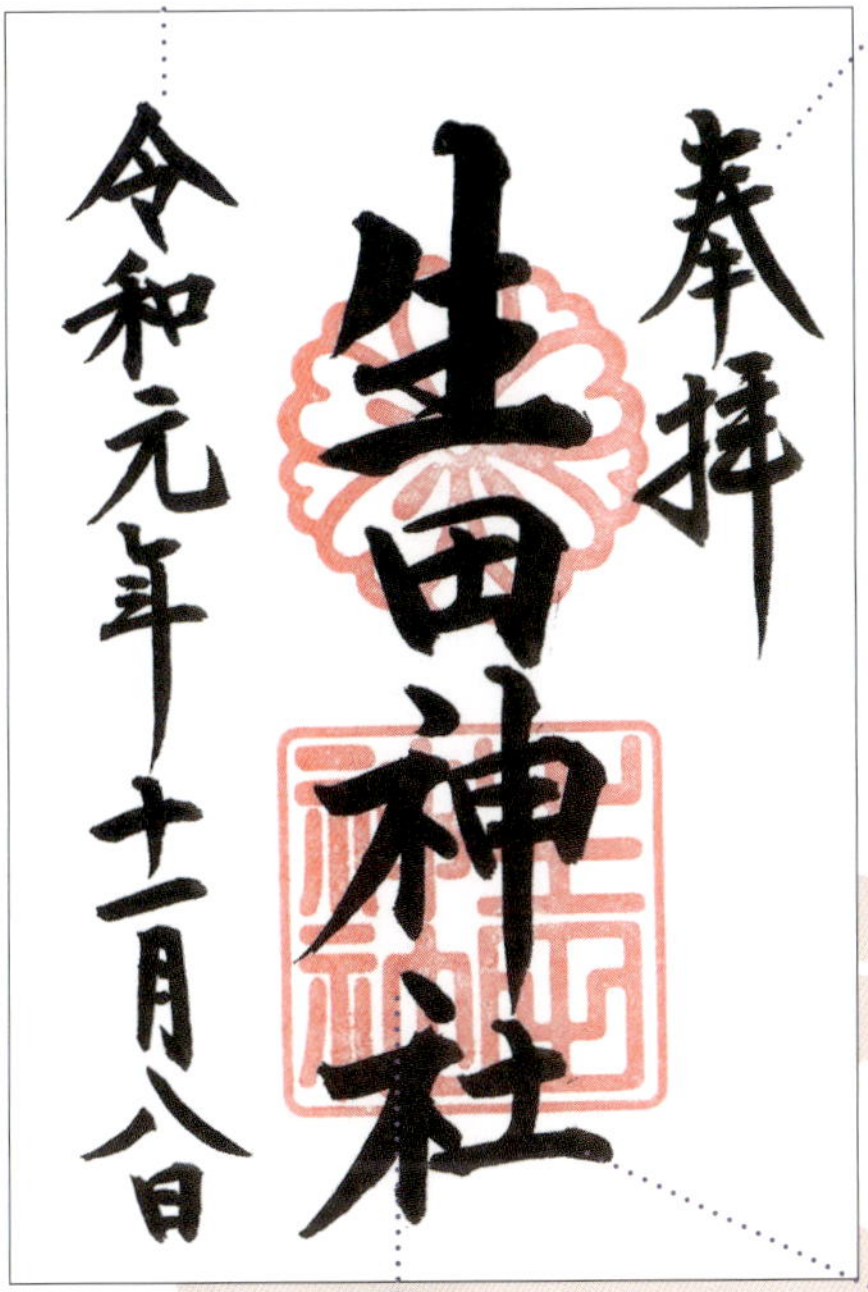

中央の文字

神社名が中央に書かれています。伊勢神宮や出雲大社のように、神社名は書かず、神社の印だけが押される場合もあります。

神社の印

神社名が刻まれた印と社紋が押されています。

そのほか、神社にゆかりのある印（弓弦羽神社なら八咫烏、越木岩神社なら甑岩など）が押される場合もあります。

この本の使い方

ご朱印

それぞれの寺社の代表的なご朱印を中心に紹介しています。寺社によっては、たくさんの種類があるところ、季節限定のご朱印をいただけるところなどもありますので、お尋ねください。

また、この本で紹介しているご朱印とまったく同じものをいただけるとは限りませんので、あらかじめご了承ください。

データ

寺社は年中無休のところが多く特に記載していませんが、不在の場合もあります。確認してからおでかけください。

料金は大人1名分を記載しています。子ども料金や団体料金を適用している寺社もありますので、ご確認ください。

みどころ

ライター目線で見た、その寺社での「おすすめ」を記載しています。それが場所の場合もあれば、ものや体験の場合もあります。

※本書のデータは、2019年10月現在のものです。記載している情報や料金は取材時のもので、予告なく変更される場合があります。詳細は各寺社でご確認ください。

兵庫

摂津

淡路

播磨

但馬

丹波

次々と参拝客が訪れる生田神社の堂々たる拝殿

摂津

生田神社《いくたじんじゃ》

全国から参拝客が訪れる恋愛成就のパワースポット

『日本書紀』に201年創建と残る生田神社。海外遠征からの帰りに現在の神戸港で船が進まなくなった神功皇后が神占を行ったところ、「稚く瑞々しい日の女神」といわれる稚日女尊《わかひるめのみこと》が現われました。物を産み育て、万物の成長を加護する神様である稚日女尊をご祭神として祀ったのが始まりです。境内には14の末社が鎮座し、古くから多くの句に詠まれている「生田の森」や文学史に登場する「生田の池」をはじめ、平敦盛が愛した「敦盛の萩」や弁慶が源氏繁栄を祈って奉納したといわれる「弁慶の竹」など、多数の源平ゆかりの史跡があります。

　神戸の中心地にあり、戦前から神前結婚式が行われていた生田神社は、縁結びの神様としても知られています。機織りの神と伝わるご祭神の稚日女尊にちなんだお守りなど、縁結びの授与品もそろっています。

078-321-3851
神戸市中央区下山手通 1-2-1
参拝時間　7:00 ～日没（社務所は 9:00 ～ 17:00）
参拝料　なし
駐車場　120 台（最初の 1 時間 500 円、以降 10 分 100 円）
https://ikutajinja.or.jp/

▲中央に神社名が書かれ、ヤエザクラの社紋と神社の角印が押されたご朱印。500円

神戸港開港150年記念の「神戸タータン」とコラボの限定ご朱印帳。2,000円

カップルでお参りし、男性が白、女性が赤のお守りを受けると二人は結ばれるというご利益が。1,000円

古代の装身具の一種「たまき」をブレスレットとして身に着けて良縁のお守りに。「縁結びたまき」各1,000円

ご神紋の八重桜をレースで表現し「幸せな日々を織り成し幾重にも彩りある人生に」と願う「八重の糸」各1,000円

縁結びのハート形絵馬500円

立派な楼門は生田神社のシンボル

衣食の神として名高い倉稲魂命がご祭神の稲荷神社

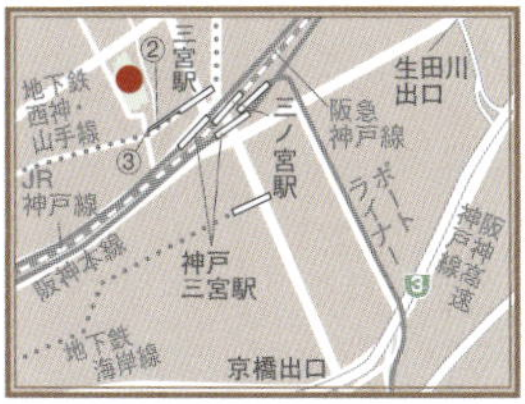

JR三ノ宮駅または阪神・阪急神戸三宮駅より8分、地下鉄三宮駅西2・3番出口より3分
車／阪神高速神戸線生田川出口または京橋出口より5分

mi・do・ko・ro

生田弁財天 市杵島神社

ご祭神の市杵島姫命《いちきしまひめのみこと》は七福神の中で唯一の女神。音楽や芸能の神様で、インドでは水の神とあがめられています。知恵と財宝を授けてくれる弁財天でもあり、神戸七福神の一神として信仰されています。

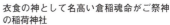

摂津

湊川神社《みなとがわじんじゃ》

神戸空襲で焼失し、1952（昭和 27）年に復興新築された社殿。
戦後の新しい神社建築様式として代表的な建物といわれている

楠木正成ゆかりの楠公さんで「智・仁・勇」にあやかる

「楠公《なんこう》さん」の愛称で親しまれている湊川神社は、楠木正成公（大楠公）を祀る日本有数の名社。後醍醐天皇の命で鎌倉幕府を崩壊に導いた正成公は、その後、謀反を起こした足利尊氏を討つため、湊川での決戦の末に、至誠を貫いて弟正季卿ら一族と殉節。以来、正成公の塚（お墓）は大切に守られ、１６９２（元禄５）年、徳川光圀《みつくに》公が「嗚呼忠臣楠子之墓」の碑を立てて墓所を建立しました。

幕末になると、新しい国づくりを願う多くの志士たちが参詣し、その精神的支柱となりました。明治天皇は正成公の忠義を後世に伝えるため、１８７２（明治５）年、湊川神社を創建。生涯を通して誠忠と正義を貫き、「智・仁・勇」の三徳をそなえた正成公を慕って、全国からたくさんの参拝者が訪れています。また、宝物殿には書画や鎧など、正成公ゆかりの貴重な資料が展示されています。

078-371-0001
神戸市中央区多聞通 3-1-1
参拝時間　日出～日没
（社務所は 9:00 ～ 17：00）
参拝料　なし
駐車場　20 台（無料）
http://www.minatogawajinja.or.jp/

▲楠木家の家紋で湊川神社の社紋でもある菊水紋と神社の社印が押された湊川神社のご朱印。ほかに３種類のご朱印があります。各 500 円

正成公所有の刀・小竜景光をイメージしたデザインの新しいオリジナルご朱印帳。1,500 円

難関突破のお守り。ミニサイズのお札型で立てることもできる。各 1,000 円

夫婦守り 1 組 2,000 円

全国でも入手が難しいやなせたかし先生描き下ろしの十二支のお守り。各 1,000 円

お香のお守り各 1,000 円。節目の時期などに結び目をほどいてお香を焚き、護符は財布などへ

正成公が一族と「七生滅賊」を誓って自刃した境内西北隅にある国指定文化財史跡の殉節地（史跡・楠木正成戦没地）

正成公と一族の墓所、国指定文化財史跡（史跡・楠木正成墓碑）は、境内東南隅にある

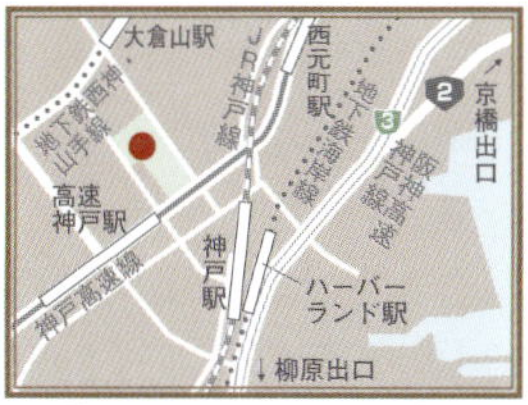

JR 神戸駅より 3 分、各線高速神戸駅東改札よりすぐ、地下鉄大倉山駅または海岸線ハーバーランド駅より 5 分
車／阪神高速神戸線京橋出口または柳原出口より 10 分

mi・do・ko・ro

徳川光圀公の銅像

徳川光圀公（水戸黄門）は水戸藩主を辞した後も活躍し、正成公を慕って墓碑「嗚呼忠臣楠子之墓」を建立しました。この功績を追慕して建設された銅像で、光圀公の晩年の姿を忠実に写し取っているといわれています。

摂津

北野天満神社《きたのてんまんじんじゃ》

異人館街にある見晴らしのいい神社。清々しい気分になる

恋愛成就のご利益がある
神戸を一望する天空の神社

神戸屈指の観光地であり、異国情緒あふれる北野に鎮座する北野天満神社。風見鶏の館の東隣に位置しています。鳥居をくぐって階段を上ると境内で、１７２４（寛保２）年に建立された拝殿では、現在は舞台として舞の奉納や神前結婚式などが行われています。さらに階段を上がると、ご祭神の菅原道真公が祀られている本殿があります。東側にある御神牛は、なでると神徳があると伝えられています。

社伝によると、福原遷都の際に平清盛の命により、京都の北野天満宮を勧請して社殿を造営したのが始まりとされています。以後、周辺は「北野」と呼ばれるようになりました。明治になると神戸に来た外国人が、居留地の北にあたるこのエリアに住み始め、異人館が建ち並ぶようになりました。福原の都から続く北野の天神さんは、港を一望する社から神戸の歴史を見守り続けています。

078-221-2139
神戸市中央区北野町 3-12
参拝時間　7:30 頃～ 17:00（授与所は 9:00 ～ 17:00）
参拝料　なし
駐車場　なし
http://www.kobe-kitano.net/

▲中央に梅の社紋と神社の角印が押されています。500円

境外末社「北野青龍神社」のご朱印。500円

祈願喜常《きつね》 初穂料1対3,000円（祈祷料込）。天高稲荷神社に奉納する

異人館と梅が描かれたご朱印帳。各1,800円

「叶い鯉（恋鯉守り）」800円

良縁・恋愛成就祈願の「叶い恋御守」各800円

「叶い恋絵馬」700円

約300年前に造営された本殿。1985年に神戸市の伝統的建造物として文化財に指定

旧北野村西の町（現北野町4丁目）の守り神、境外末社「北野青龍神社」

JR三ノ宮駅、阪神・阪急神戸三宮駅、地下鉄三宮駅より15〜20分

mi・do・ko・ro

叶い鯉・手水舎

鯉に水をかけて祈願すると願いが叶うといわれる水かけ祈願の「叶い鯉」。本来は手水ですが、人々が自然と手を合わせ、信仰が生まれました。「鯉＝恋」で恋愛成就を願い、鯉恋守りや叶い鯉絵馬がたくさん奉納されています。

摂津

能福寺《のうふくじ》

地元の人々に愛されている「兵庫のだいぶっつぁん」

人々に安らぎを与えてくれる神戸のシンボル「兵庫大仏」

最澄伝教大師が中国から帰国途中の８０５年、大輪田の泊（現・兵庫港）に上陸して堂宇を建立。自作の薬師如来を安置して能福護国密寺と称したことが始まりとされています。神戸の名所として知られ、日本三大仏に数えられる兵庫大仏が造られたのは１８９１（明治24）年。外国に向けて開かれていた港のランドマークとしての役割を果たし、「大仏が見えたら神戸に着いた」と、全国に広まったそうです。

その後、金属類回収令によって大仏は解体されてしまいますが、初代大仏の建立から１００年後の１９９１年に2代目大仏が完成。２０１８年には、１９９５年の阪神淡路大震災で倒壊した鐘楼堂が再建されました。震災で落ちた釣鐘は塗りなおさず元の位置に戻され、震災の傷跡を記録して伝えています。境内を歩きながら、新旧の苦難を乗り越えてきた能福寺と兵庫大仏の歴史を感じてみてください。

078-652-1715
神戸市兵庫区北逆瀬川町 1-39
拝観時間　9:00 ～ 17:00
（寺務所は 10:00 ～ 16:00）
拝観料　なし
駐車場　なし
http://nofukuji.jp/

▲ご本尊の十一面観世音菩薩を表わすサンスクリット語「キャ」の文字が書かれたご朱印。300円

神戸十三佛霊場のご朱印（写真）のほか、兵庫七福神「毘沙門天」のご朱印もある。各300円

ここ一番の勝負の時には「まさに勝つべし」の當勝稲荷大明神へ。おみくじもある

勝守 大500円、小300円

京都・東山「月輪御陵」の拝殿を移築した本堂「月輪影殿」。右手前の建物は護摩堂

震災の被害から最後に復興された鐘楼堂。兵庫・太子町の宮大工による彫刻も美しい

カード型お守り 1,200円

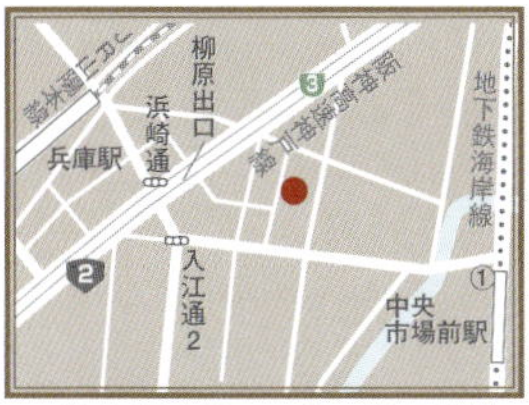

JR兵庫駅より10分、地下鉄海岸線中央市場前駅1番出口より7分

mi・do・ko・ro

念珠

材木（ケヤキ）を2年間ねかせ、1年かけて組み立てて完成させた鐘楼堂。その端材を使い、不ぞろいの木を削って念珠を作りました。一つひとつ違う木目が美しく、手になじみます。限定、2000円

大正の大火で焼失し、昭和３年に再建された拝殿。鎮座 1170 年を記念して令和元年に本殿、令和２年に端垣の銅板屋根の葺き替えが完成

摂津

弓弦羽神社《ゆづるはじんじゃ》

諸願成就や必勝祈願 八咫烏が導く弓弦羽の宮

弓弦羽神社は、御影などの総氏神で、厄除開運、家内安全、交通安全、諸願成就の宮として篤く崇敬されてきました。ご祭神は根本熊野三所大神と称される伊弉冊尊《いざなみのみこと》（那智大社）、事解之男命《ことさかのおのみこと》（熊野本宮大社）、速玉之男命《はやたまのおのみこと》（速玉大社）の三柱。社伝によると、神功皇后が三韓からの凱旋の際に、忍熊王の挙兵を知って、皇后自ら弓矢甲冑を納めて熊野大神に祈念して大勝、その後の願い事もすべて叶ったと残っています。

近年は、熊野大神のお使いとして知られる八咫烏《やたがらす》のご神徳である「勝利」を願う多くの参拝客が訪れます。また、御影は日本サッカー発祥の地ともいわれ、一直線にゴールに向かうように、矢に乗った八咫烏が刻まれた御影石のサッカーボールが作られています。最近では、オリンピック男子フィギュアで金メダル連覇に輝いた羽生結弦選手が参拝したことでも知られ、お参りにきたファンの絵馬もたくさん奉納されています。

078-851-2800
神戸市東灘区御影郡家 2-9-27
参拝時間　自由（授与所は 9:00 ～ 17:00）
参拝料　なし
駐車場　20 台（無料）
https://yuzuruha-jinja.jp/

▲神社の神紋である橘と八咫烏の印、摂津の国の灘・御影であることから「摂津灘御影」の印が押されています。500 円

貝ボタンのお守り「ゆいぼたん きずな」と「ゆいぼたん ゆかり」。全国で数カ所、神戸では弓弦羽神社だけで授与。各 1,500 円

矢に乗った八咫烏が描かれたご朱印帳 1,800 円

「スーパーゆず丸君」と記念撮影

願いを届ける「ゆず丸」800 円。願い事を書いた紙を「ゆず丸」のお腹に入れ、名前と日付を書いて奉納台に納める

サッカーボール型のお守り 800 円

境内にあった諸末社を合わせた相殿は、現存する神社で一番古い建物。当初中央に祀られていた松尾社は西隣に移された

御影石のサッカーボール

阪急御影駅より 5 分、JR 住吉駅より 10 分、阪神御影駅より 15 分
車／阪神高速神戸線魚崎 IC より 10 分、摩耶 IC より 15 分

mi・do・ko・ro

八咫烏《やたがらす》

神武天皇を熊野国から大和国へ案内したとされ、熊野大神のお使いとして信仰される八咫烏。弓弦羽神社のシンボルである矢に乗った八咫烏は、成就の道を示す「みちびきの八咫烏」と呼ばれています。

摂津

長田神社《ながたじんじゃ》

阪神淡路大震災で鳥居が崩壊したが、
伊勢神宮の檜の神木をもらい受けて再建された

神戸市民の願いを叶える
長い歴史の鎮守の社

地域の人たちから「長田さん」と呼ばれて親しまれている長田神社は、生田神社や廣田神社とともに神功皇后ゆかりの歴史が残る兵庫屈指の名社です。201年、神功皇后が海外遠征からの帰還途中、船が進まなくなって占ったところ、「吾《あ》を御心《みこころ》長田の国に祀れ」という神託により事代主神を祀って創建されました。神戸《かんべ》41戸によって奉祀され、護られてきたことから、「神戸《こうべ》」の地名の由来ともいわれています。

長田神社は、生田神社、湊川神社とともに神戸三社に数えられ、新年には大勢の初詣客で賑わいます。ご祭神の事代主神は「恵美主《えびす》さま」ともいわれ、商売繁盛・開運招福・厄除けの神として崇敬されています。社務所前にある眼鏡の碑は、事代主神が「広く物事を見通し、神徳を発揚する」ということから建立。境内にある末社「蛭子社」の横には、事代主神と父神である大国主神が並ぶ、親子の石像が建てられています。

078-691-0333
神戸市長田区長田町 3-1-1
参拝時間　6:00 ～ 18:00（4 ～ 10 月は 5:00 ～、社務所は 9:00 ～ 18:00）
参拝料　なし
駐車場　20 台（無料）
http://nagatajinja.jp/html/

▲菊菱の社紋と神社の角印が押されています。500円

赤えいの印が押された楠宮稲荷社のご朱印。500円

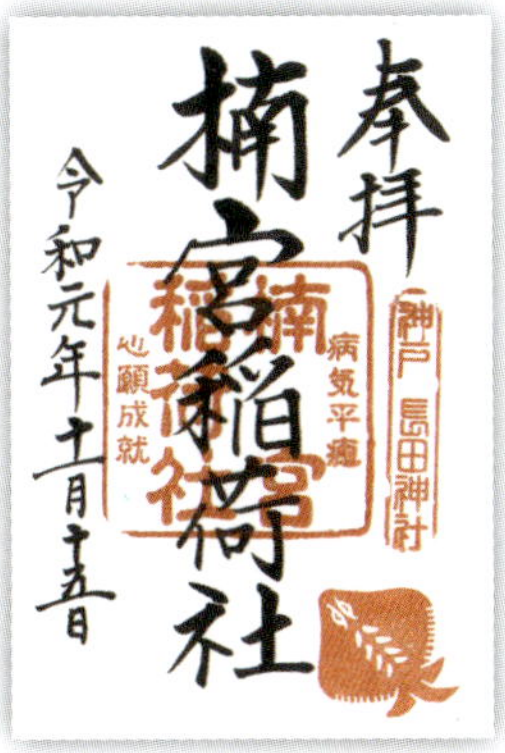

裏面に「えべっさん」が刺繍された商売繁盛のお守り 1,000円

仕事や勉強など、あらゆることの上を目指す「向上守」1,000円

ご朱印帳 1,000円

蛭子社の横に祀られているえびす様とだいこく様の石像

1928（昭和3）年に再建された社殿。漆下地丹塗で極彩色仕様、銅板葺による施工は、昭和の社殿建築の名建造物といわれる

病気平癒にご利益がある楠宮稲荷社。社の裏にご神木の楠がある

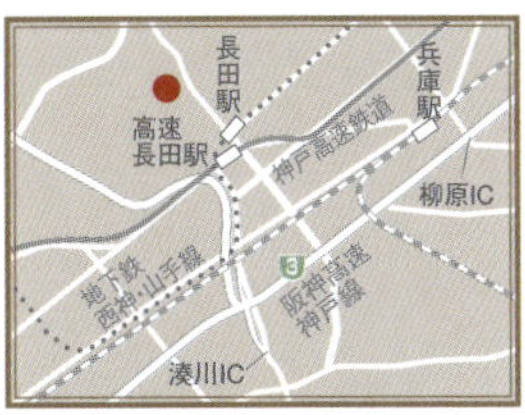

神戸高速鉄道高速長田駅または地下鉄長田駅より7分
車／阪神高速神戸線湊川 ICまたは柳原 ICより5〜10分

mi・do・ko・ro

\赤えい絵馬/

ご神木の楠は、赤えいが苅藻川を遡って境内に入り化身したと伝わり、美味な赤えいを断って願をかけると願いが叶うと信仰。病気平癒の中でも特に痔疾にご利益があるとされ、平癒を祈願して、赤えいの絵馬を奉納します。

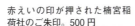

摂津

須磨寺《すまでら》

今から800年前の平敦盛・熊谷直実の一騎討ちの場面を再現した「源平の庭」

源平ゆかりの寺には おもろい見どころが満載

886（仁和2）年に、聞鏡上人が勅命を受けて、和田岬の海中から出現した聖観音菩薩像を、この地に本尊としてお祀りしたのが始まりです。正式名は「上野山福祥寺」ですが、古くから通称「須磨寺」として親しまれてきました。源平一の谷の合戦で敗れた平敦盛愛用の「青葉の笛」をはじめ、敦盛にまつわる宝物や遺跡を多く伝えてきたので、源平ゆかりの寺としても有名です。

広い境内は見どころいっぱいですが、ここの魅力は、なんといってもアクティビティスポットが充実していること。ビックリしたい人は目玉を回し、借金に困っている人は首を回す「ぶじかえる」や、曲が弾ける青葉の笛碑の前のキーボード、亀の背中に乗った七福神を回しながら拝む「七福神マニコロ」など、境内には「おもろいもの」がいっぱい。正岡子規や与謝蕪村などの句碑や歌碑もあります。

078-731-0416
神戸市須磨区須磨寺町 4-6-8
拝観時間　自由
（納経所は 8:30 ～ 17:00）
拝観料　なし
駐車場　60 台（無料）
http://www.sumadera.or.jp/

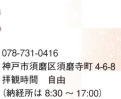

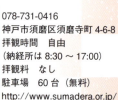

▲中央に観音様を祀る殿堂を意味する「大悲殿」と本尊の「聖観音」の梵字の宝印が押印。ほか多種類のご朱印あり。各300円

ご朱印帳　1,500円

敦盛絵馬 500円

縁結び
くみひも御守
500円

七色くみひも御守
500円

奥の院おさめ札1セット100円。奥の院の「十三佛・七福神巡り」ではこの札をおさめ札入れに奉納する

1602（慶長7）年に豊臣秀頼が再建した本殿。内陣の宮殿は1368（応安元）年の建造で重要文化財

戦死した平敦盛の菩提を弔うために建立された首塚

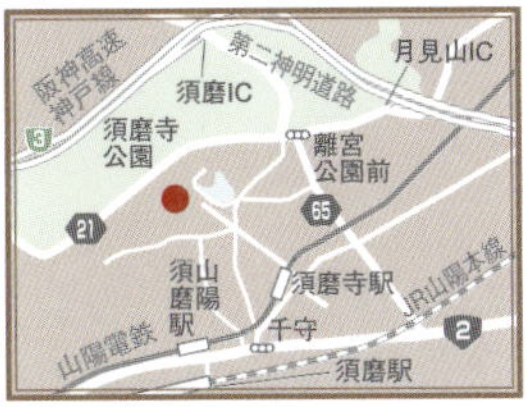

山陽電鉄須磨寺駅より9分、JR須磨駅より13分
車／第二神明道路須磨ICより4分、阪神高速月見山ICより4分

mi・do・ko・ro

＼ 宝物館 ／

源平ゆかりの宝物や歴史的遺物を展示しています。代表的な宝物は、平敦盛が肌に付けていた愛用の青葉の笛、一の谷の合戦のときに弁慶が担いできたとされる弁慶のつり鐘、在原行平ゆかりの琴など。隣の小石人形舎も必見。

初宮参りには道真公にあやかり健やかな成長を願う「なすの子安台」に子どもを乗せて祈祷する

摂津

綱敷天満宮《つなしきてんまんぐう》

人生のいい波に乗ろう ご利益大の天神さま

「須磨の天神さま」として親しまれる「綱敷天満宮」。ご祭神の菅原道真公が、無実の罪により京の都から九州の太宰府へ流される際、須磨の浦に立ち寄り、漁師の作った大綱の円座（敷物）で休憩されました。９７９年、当時の像を模して祀ったのが始まりです。明治時代には「北海道」の名付け親である松浦武四郎によって、一万社の天満宮のなかで、特別な二十五霊社の一つに選ばれました。

特記すべきは、「月替わりご朱印」。季節の風物や行事などの絵柄をご朱印にしています。これにオリジナルの記念品付きで授与しているので、毎月のように訪れる参拝客も多いそうです。そのほか、波乗り祈願や完走祈願の絵馬やお守りなど、ほかにはない縁起物も好評です。こぢんまりとした境内には「なすの腰かけ」や「綱敷の円座」など、ご利益が上がるスポットが満載です。

078-734-0640
神戸市須磨区天神町 2-1-11
参拝時間　自由（社務所は 9:00 ～ 17:00）
参拝料　なし
駐車場　20 台（無料）
https://www.tsunashikitenmangu.or.jp/

▲中央には、天満宮の梅の神紋と神社名、日本二十五霊社の朱印。まわりにはなす、波乗りなど、ゆかりの絵柄を押印。500円

月替わりご朱印の一例。月ごとに下半分の絵柄が変わっていきます。500円（オリジナル記念品付）

「波乗り祈願手作り御守」 800円

「なす守り」
700円

「完走祈願御守」（中）700円、
（左・右）700円

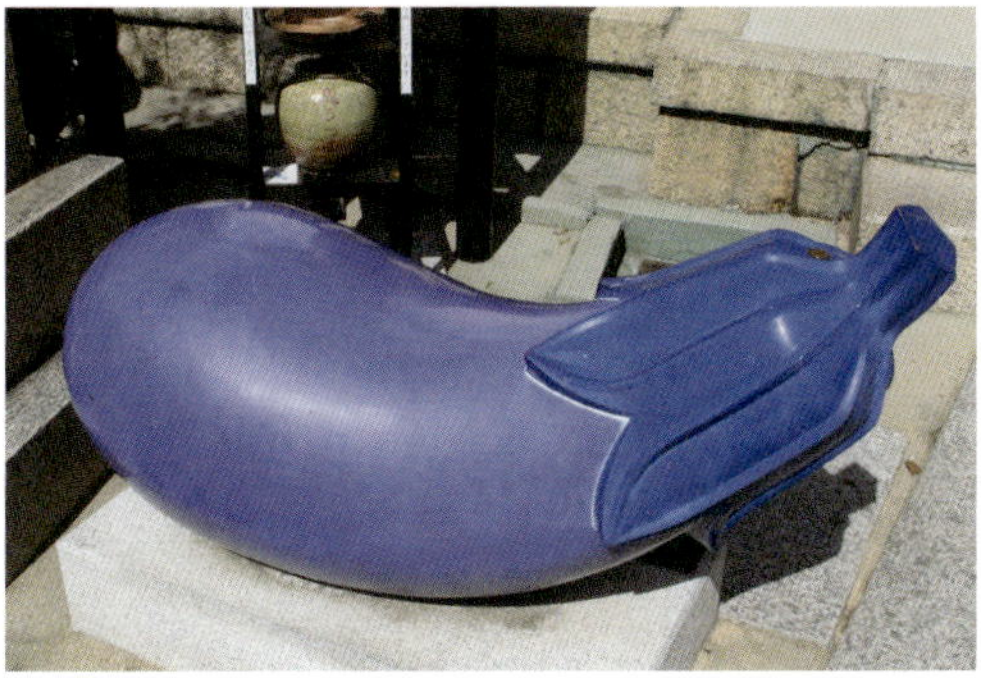

どんな願いも叶うとされる「なすの腰かけ」。なすは花がすべて実を結び「成す」にも通じることから

菅原道真公のお使いとされる鷽（うそ）の鳥をモチーフにしたスタッフ手作りのオリジナル守り「木鷽御守り」1,200円～

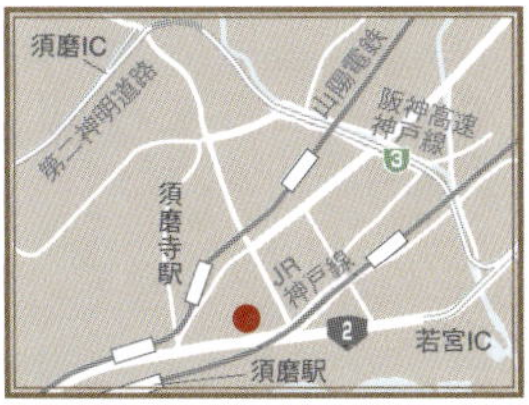

山陽電鉄須磨寺駅より5分、JR須磨駅より8分
車／第二神明道路須磨ICより9分、阪神高速若宮ICより3分

mi・do・ko・ro

回して願う「思うつぼ」

境内の至る所にある「成・座・波・愛・学」の5つの思うつぼに「ねがい玉」を入れてお祈りすると、思いのままに成就します。願をかけたねがい玉は、小さな巾着に入れてお守りにすることもできます。700円（授与所）。

風情ある佇まいの念仏寺。すぐ近くに極楽寺と温泉寺がある有馬温泉の寺町

摂津

念仏寺《ねんぶつじ》

温泉街の寺町に建つ歴史と風情を感じる寺

日本最古の温泉として観光客で賑わう有馬温泉の中心地にある浄土宗の寺院。創建は１５３８（天文７）年で、慶長年間に現在地に移り、秀吉の正室ねね（北の政所）の別邸跡といわれています。現存する本堂は１７１２（正徳２）年に建てられ、有馬で最も古い建造物です。ご本尊は快慶作と伝わる阿弥陀如来立像で、脇侍は神戸十三佛霊場第九番の勢至菩薩。本堂横のお堂には、神戸七福神の寿老人が祀られています。

念仏寺の庭には樹齢３００年といわれる沙羅双樹の木があり、古くから沙羅樹園と呼ばれていました。沙羅双樹はお釈迦様の涅槃図《ねはんず》にも描かれている仏縁の深い花で、１日で散ってしまう儚さを感じさせる美しい花です。６月中旬から７月上旬に、１日３００～５００の花が咲きます。６月半ばに生え変わる苔の上にはらはらと落ちる真っ白い花が、絵のような美しさを見せてくれます。

078-904-0414
神戸市北区有馬町 1641
拝観時間　9:00 ～ 17:00（法要などで授与できない場合あり）
拝観料　カフェ料金に含む（外部見学自由）
駐車場　なし

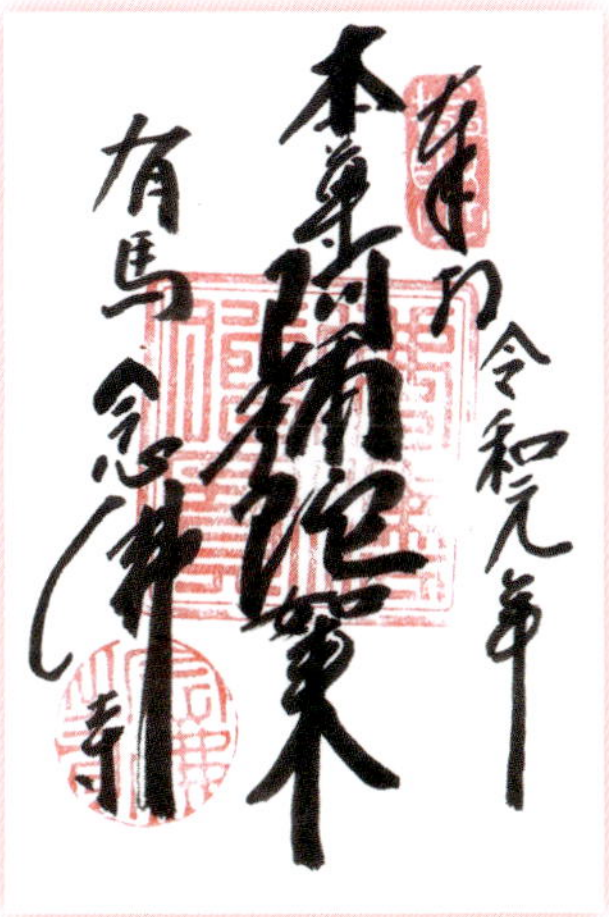

▲ご本尊、阿弥陀如来のご朱印。ほかに神戸七福神と神戸十三佛のご朱印があります。本尊・七福神各500円、十三佛300円

鬼瓦がモチーフのオリジナルご朱印帳。2,000円

十二支おみくじ 各600円

念仏寺の屋根にある鬼瓦

ポストカード 各100円

寿老人が祀られている本堂横のお堂

カフェへはここから。本堂の拝観もできる（カフェ利用の場合）

神戸電鉄有馬線有馬温泉駅より10分（三宮・大阪など各地から有馬温泉行きのバスあり）

mi・do・ko・ro

茶房 Citta

2019年に茶房をオープン。庭を眺めながらゆっくりとお茶が楽しめます。特製カレーは野菜とリンゴの水分だけでワインを加えてじっくり煮込むキーマカレー。1日10食限定、予約が確実です。(9時～17時、木曜休み)

入母屋造の拝殿。本殿は戦災で焼失ののち、1961年に総桧造りで元の姿に復元された

摂津

西宮神社《にしのみやじんじゃ》

「えべっさん」の総本社で年の初めに商売繁盛祈願

福の神「えびす様」の総本社。古くは神戸・和田岬の沖に現れたご神像を、神託により西宮に祀ったのが起源と伝えられています。その年代は明らかではありませんが、漁業の神様として信仰されていたえびす大神が、西国街道の宿場町として開けて市が立つようになった西宮で、商売繁盛の神様として信仰を集めるようになりました。初詣や十日戎では、広々とした境内が大勢の人で埋めつくされます。

十日戎は毎年1月9日から11日まで行われる阪神間最大のお祭りで、3日間の参拝者は１００万人を上回ります。期間中で最も注目されるのが、開門神事の「福男選び」。1月10日の午前6時に大太鼓の音とともに開門される表大門から本殿に向けて、一番福を目指す参拝者が一斉に走り出して熱気にあふれます。普段は兵庫県の天然記念物「えびすの森」の緑につつまれた静かな神社です。

0798-33-0321
西宮市社家町 1-17
参拝時間　5:00 ～ 18:00（授与所は 9:00 ～ 17:00）
参拝料　なし
駐車場　50 台（無料、十日戎期間はなし）
https://nishinomiya-ebisu.com/

▲右上に「えびす宮総本社」の印、中央に神紋の三柏の印と角印が押されています。500円

ご朱印帳 1,000 円

所願成就の福守、小守各 500 円

芸能上達の扇子。裏に願い事を記入し、百太夫神社に奉納する

期間限定の海上渡御祭再興 20 年記念ご朱印帳。1,000 円

祈願絵馬各 500 円

人気の「鯛みくじ」は 1 月 1 日から 11 日までの限定授与品（なくなり次第終了）。300 円

桃山建築の遺構を残した表大門（赤門）は、その左右に連なる大練塀とともに重要文化財に指定されている

人形遣いたちの祖神「百太夫神」を祀る芸能の神様、百太夫神社

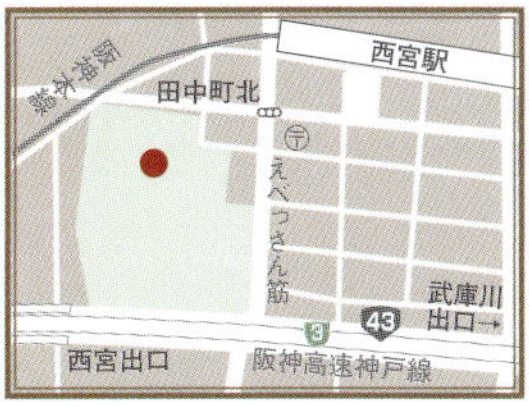

阪神西宮駅より 3 分
車／阪神高速神戸線西宮出口より 3 分、武庫川出口より 10 分

mi・do・ko・ro

\大國主西神社/

元は仏堂で、1735（享保20）年に大己貴命と少彦名命の二神を勧請して神社にしたとされる大國主西神社。11ある末社のうち、年々参拝者が増えているそうです。正月と十日戎限定で、「えびす大国福鈴守」が授与されます。

風格のある拝殿。奥には天照大御神荒御魂を祀る本殿が見える

摂津

廣田神社《ひろたじんじゃ》

必勝祈願に訪れたい 自然あふれる兵庫一の古社

２０１年、神功皇后が海外からの凱旋途中、天照大御神荒御魂のご神託により創建し、『日本書紀』に記されている兵庫県で一番古い神社。天照大御神は日本国民の大祖神であり、荒御魂である廣田大御神は、勝運の神様として勝利や合格をはじめ、開運・子授け・安産などのご利益があります。また、京の都から西にある重要な神社であることから「西宮」と称され、地名の由来になりました。

地元の阪神タイガースが必勝祈願に参拝することでも知られ、球団結団以来、毎年3月頃に球団関係者がそろって参列しています。球団公認のタイガース絵馬も勝運祈願に人気。また、廣田神社外苑には、県指定天然記念物に指定されたコバノミツツジの群落があり、3月末～4月中旬には一帯がピンクに染まります。木々に囲まれた広い境内を散策すると、すがすがしい気分になります。

0798-74-3489
西宮市大社町 7-7
参拝時間　自由
（社務所は 7:00 頃～ 18:00）
参拝料　なし
駐車場　25 ～ 30 台（無料）
http://www.hirotahonsya.or.jp/

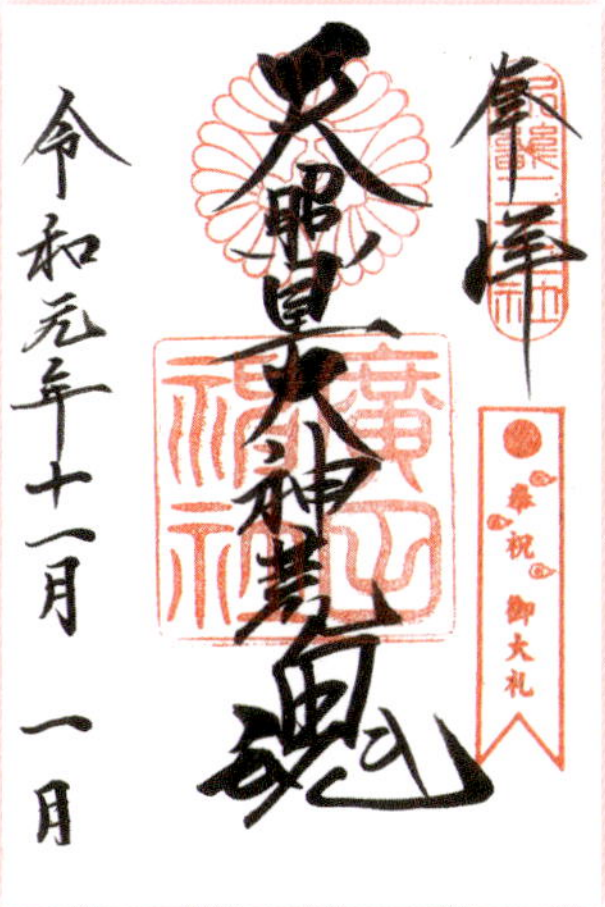

▲令和になってから使われるようになった菊紋の印と廣田神社の角印が押され、主祭神である天照大御神荒御魂と書かれています。500円

境内摂社、伊和志豆神社のご朱印。鰯津神社とも表記されていたことから「鰯津」のスタンプを押印。500円

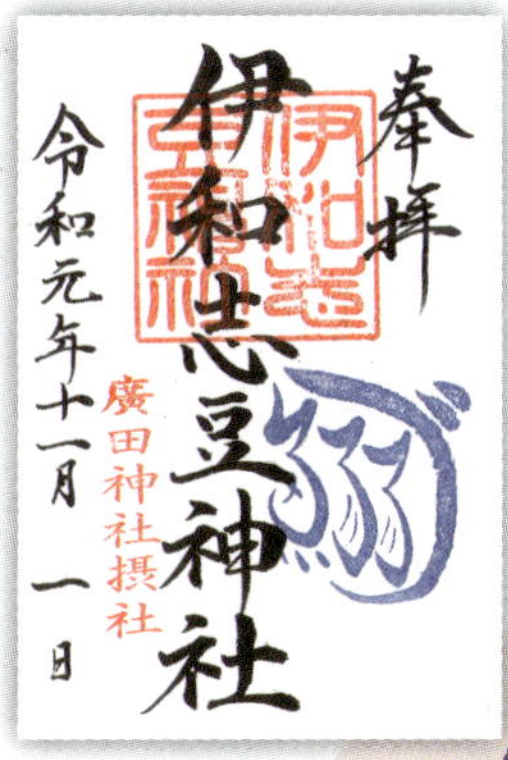

社殿とコバノミツツジが描かれた美しいご朱印帳。1500円

ご朱印帳袋
1500円

錦袋守各1500円
勝守 大500円、小300円

必勝祈願のタイガース絵馬1200円

お酒の神様である末社の松尾神社と五末社（八阪神社・子安神社・春日神社・地神社・稲荷神社）

毎年12月に張り替えられる大注連縄

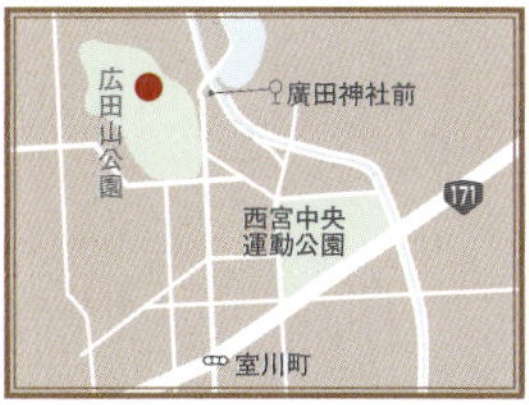

JR西宮駅北西・阪急神戸線西宮北口駅南口より阪急バス甲東園行き、阪神西宮駅北口より阪神バス山手東廻りで廣田神社前下車すぐ
車／国道171号室川町交差点より3分

mi・do・ko・ro

伊和志豆《いわしづ》神社

廣田神社の境内摂社で、ご祭神は伊和志豆の大神。もとは廣田神社の東南約1・5㎞のところにあり、大正6年に境内に移転。戦後は本社に合祀されていましたが、平成2年に社殿が再建されました。上記のご朱印が授与できます。

木々に囲まれた美しい拝殿。片削破風流造りの本殿は1936年に造営された

摂津

越木岩神社《こしきいわじんじゃ》

子授け・安産を霊岩に祈る パワーあふれる鎮守の森

巨大な花崗岩の大霊岩が越木岩神社のご神体。酒米を蒸す時に使う道具「甑《こしき》」に似ていることから甑岩《こしきいわ》と名づけられました。ご祭神は市杵島姫大神で、古くから女性守護・子授・安産の神様として信仰されています。また、音楽や芸能の才能を伸ばし、縁結びや幸福・金運をもたらす七福神唯一の女神「弁財天」としても知られています。本殿背後に鎮座する甑岩に近づくと、力強いパワーが感じられます。

甑岩を霊岩とする磐座《いわくら》祭祀を経て、１６５６年に福神の総本社西宮神社から蛭子大神（恵比寿）を勧請して蛭子大神宮と称し、「北の戎」とも呼ばれています。また、奉納神事として相撲が行われていたことが古い絵馬にも残り、それにちなんで毎年秋に開催される「泣き相撲」が有名。神聖な土俵に素足をつけることで災いを払うとされ、子どもを授かったことを感謝し、元気に育つように祈願します。

0798-31-0009
西宮市越木岩町 5-4
参拝時間　自由（社務所は 8:30 ～ 17:00）
参拝料　なし
駐車場　15 台（無料）
https://www.koshikiiwa-jinja.jp/

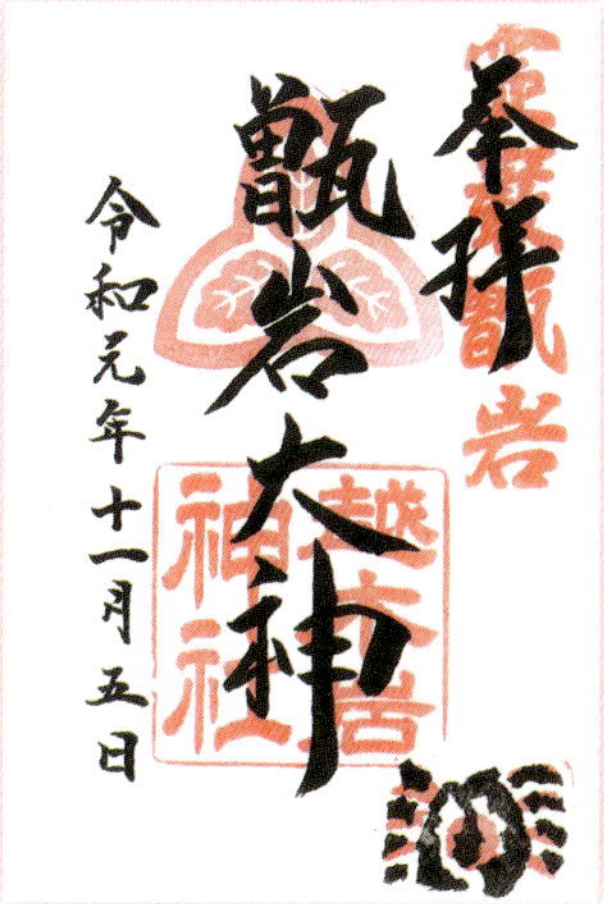

▲三柏の社紋と神社の角印、ご神体である甑岩の印が押されています。300円

越木岩神社には日本原産のヤブツバキが自生し、3月29日の椿まつりには限定のご朱印が授与されます。300円

ツバキが描かれたご朱印帳。各2,000円

無病息災・厄除け招福の椿守。各1,000円

内側に願い事を書いて身につける心願成就のお守り 1,000円

子授けと安産のお守り　各1,000円

松尾芭蕉も句に詠んだ霊水が湧き出る「御神水所」と、神仏習合の名残なのか、古くからこの地にある「甑不動明王」

力強いパワーが感じられる、ご神体の甑岩

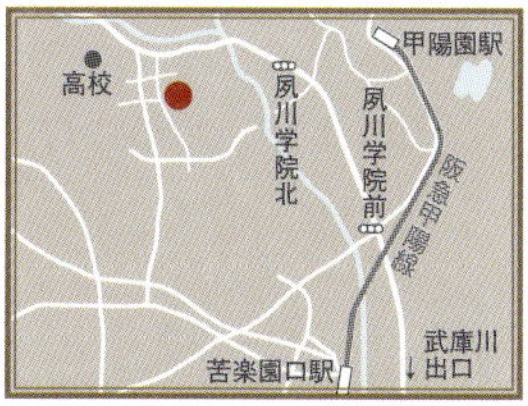

阪急甲陽線苦楽園口駅または甲陽園駅より15分
車／阪神高速神戸線武庫川出口より20分

mi・do・ko・ro

大坂城の残石

大坂城築城の際に甑岩を切り出そうとしたところ、運び出せなかったという民話が残っています。大坂城の石垣と同じ大名の刻印がある岩や石が多数みつかり、大坂城築城のための砕石地であったことが判明しています。

摂津

清荒神《きよしこうじん》 清澄寺《せいちょうじ》

山門を背にして正面に位置する本堂。ご本尊の大日如来と左に不動明王、右に弘法大師が祀られている

店が並ぶ参道を楽しんで台所の神様に家内安全祈願

898（寛平8）年、宇多天皇の勅願寺として創建。武庫の浦を見下ろす山の尾根に清澄寺、西の谷に鎮守神として三宝荒神社を祀りました。開山の祖である真言宗東寺の長者・益信僧都《やくしんそうず》が荒神尊を祀って弘法守護と三宝の加護を祈ったところ、社前の榊の木に荒神尊が現れました。これが「荒神影向の榊」です。源平合戦や戦国時代の兵火でも荒神社のみ焼失を免れ、荒神尊王の霊験によるものと伝えられています。

江戸末期の堂宇再建ののち、1947年に真言三宝宗を開いて荒神信仰の総本山清荒神清澄寺となりました。荒神さんはかまど（台所）の神様で、家庭や会社の中心である「かまど」が賑わえば繁栄するということから、家内安全・商売繁盛・厄除開運のご利益があります。また、再興の祖である光浄和上と富岡鉄斎の縁により1200点の作品を所蔵する鉄斎美術館と別館「史料館」があり、お参りとともに楽しめます。

0797-86-6641
宝塚市米谷字清シ1
拝観時間　5:00～21:00（寺務所は9:00～17:00）
拝観料　なし（別館「史料館」無料）
駐車場　300台（無料）
http://www.kiyoshikojin.or.jp/

▲中央に清荒神王と書かれた守護神のご朱印。ほかに、ご本尊と七福神のご朱印があります。200 ～ 500 円

三宝荒神御守、厄除け開運御守など 5 種類のお守りとお守り袋。各 500 円

木製のオリジナル
ご朱印帳 1,800 円

柘植と黒檀の
七色開運値付
け 各 1,000 円
（売店）

オリジナルしおり
各 500 円（売店）

石畳の坂道を上ると天堂。拝殿から浴油堂が棟続きになっている

柄杓の水を巨大な地蔵尊の頭に高々とあげながら、心に一つだけ願えば叶うといわれる一願地蔵尊像

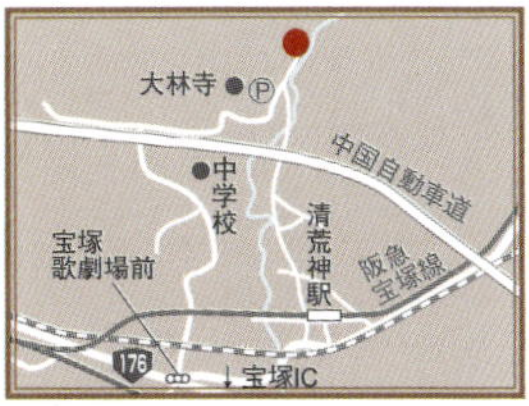

阪急宝塚線清荒神駅より 15 分
車／中国自動車道宝塚 IC より 10 分

mi・do・ko・ro

厄除け 開運火箸

「かまどの神様」として信仰されている三宝荒神王にあやかり、「火箸で厄をつまみ出してもらう」ということから、厄年に祀る厄除け開運火箸。神棚か寝室の高い所に東か南向きに祀り、厄が明けたら火箸納所に納めます。

摂津

尼崎えびす神社《あまがさきえびすじんじゃ》

十日戎には大勢の人で賑わう「尼のえべっさん」

縁むすびにもご利益あり
えべっさんで女子力アップ

後醍醐天皇時代以前の創建と伝わり、ご祭神は八重事代主大神。この神様が「えべっさん」です。古くから尼崎は美しい海辺で、漁業も盛んだったため、えびす信仰が高まりました。狛犬の頬が赤くなると大漁という逸話が残っているほど、えびす様は人々の心のよりどころだったといえます。当時の神社名は事代主神社でしたが、戦後国道43号の開通により現在地に移され、「えびす神社」に改称されました。

阪神電車の窓から見える、ひときわ目立つ朱色の大鳥居。大空にそびえる鳥居は、尼崎のシンボルになっています。商売繁盛の神様えびすさんと縁結びの神様だいこくさん（大国主之大神）のほか、導きの神様といわれ、のちに結婚をした猿田彦大神と天宇受命を祀るなど、恋愛成就のご利益もあります。尼崎えびす神社は、全国でも珍しい女性の宮司さん。隔月で実施する宮司さんの「しあわせ講話」も人気です。

06-6411-3859
尼崎市神田中通 3-82
参拝時間　自由（社務所は 9:00 ～ 17:00、ご朱印は 9:30 ～ 16:00）
参拝料　なし
駐車場　なし
https://www.amaebisu.com/

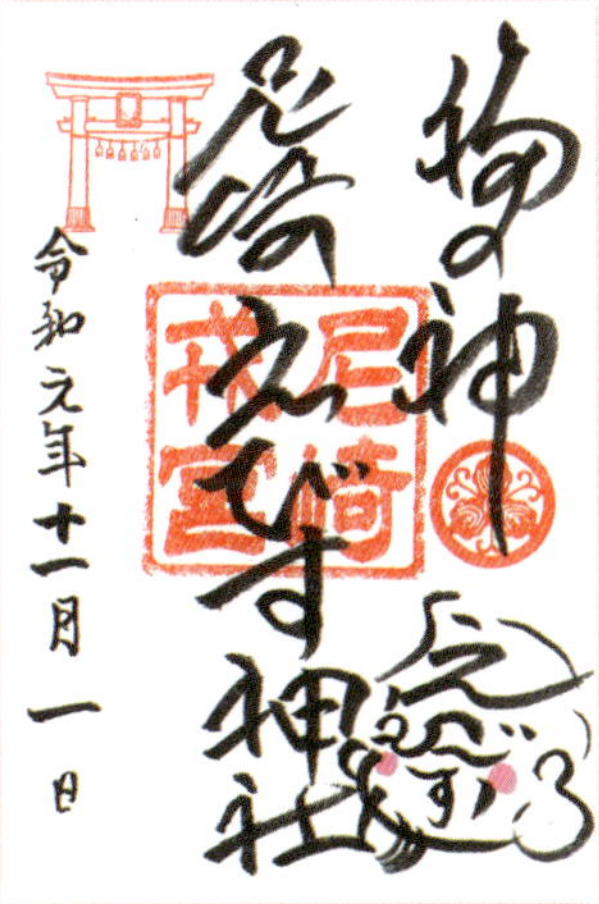

▲社紋と鳥居の印、神社の角印が押されたメインのご朱印。月がわりと願掛け稲荷のご朱印もあります。各 300 円

季節のイラストが描かれた月がわりご朱印。ほかに「宮司の無絵心ご朱印」（P122）や「しあわせ講和」で授与される特別ご朱印もあります

7 色のダルマがかわいい「夢叶う守り」700 円

美心のお守り 700 円

ユニークなストラップ型お守り「倉持ちえべっさん」各 600 円

縁むすび絵馬 500 円

天孫降臨で先導の役割を果たした猿田彦大神と、その際に仕えて結婚した天宇受命がご祭神の「良縁開き道祖神」

お稲荷さん「高宝院稲荷大明神」。たくさんの「願掛けきつね」が並んでいる

阪神尼崎駅より 3 分

mi・do・ko・ro

＼願掛けきつね／

稲荷神を守るきつねが、願い事を一つ稲荷神へ運んでくれます。張子のきつねを授与して願い札に願い事を記入し、高宝院稲荷のポストに投函。きつねは持ち帰って祀り、願い事が叶ったらお稲荷さんに戻してお礼参りをします。

摂津

氷室神社《ひむろじんじゃ》

参拝を済ませて手紙を書いたら、本殿内の愛のポストへ

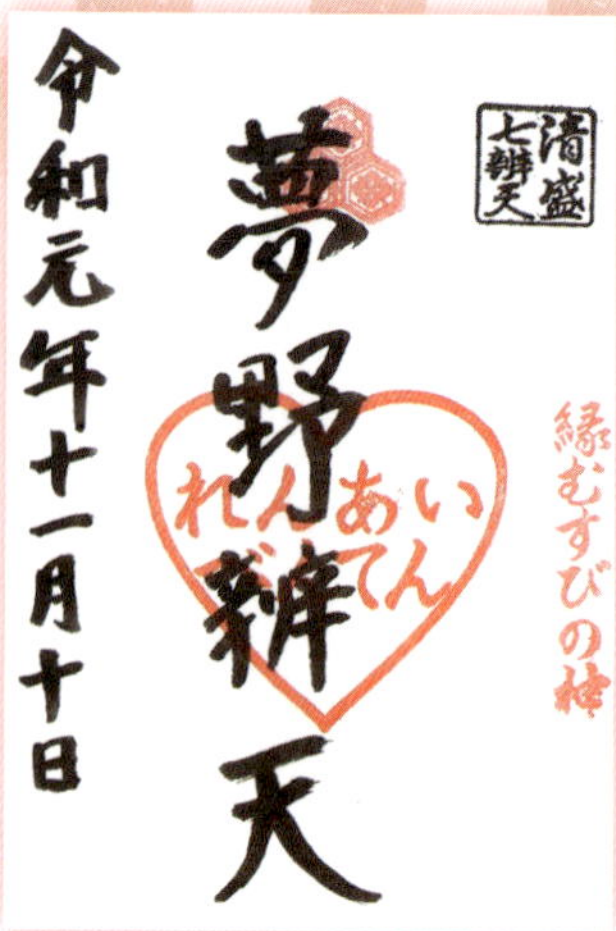

▼「清盛七辨天」の一つ、縁結びの神様「れんあいべんてん」のご朱印

弁天さまのご利益『愛の手紙』で恋愛成就

パワースポット！

平安時代に平清盛が広島の厳島神社を勧請し、兵庫の7カ所に弁財天を祀りました。その「清盛七辨天」の一つが氷室神社の市杵島比売命「れんあいべんてん」です。平清盛の甥・通盛が小宰相に手紙を送り続け、思いが通じて結婚。通盛が戦死する前日に最後の名残を惜しんだのがこの地だったそうです。縁結び『愛の手紙』は、願い事を書いた手紙を本殿の「愛のポスト」に納めます。ご利益が話題になり、全国からたくさんの参拝客が訪れています。

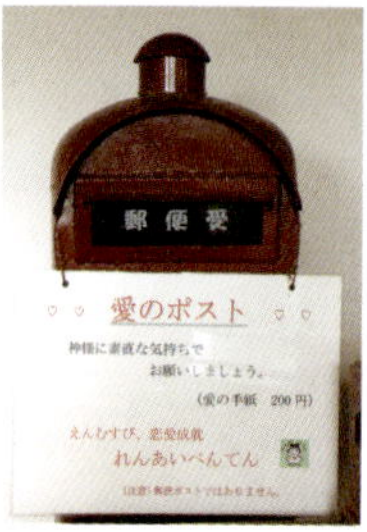

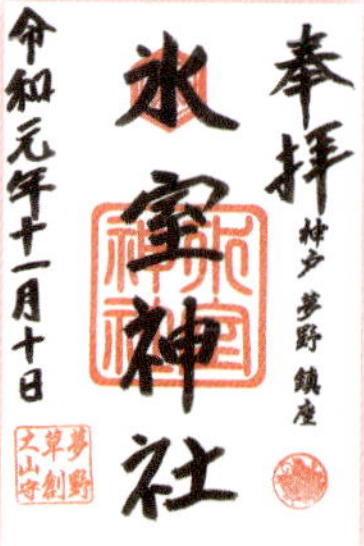

氷室神社のご朱印。
3 種類のご朱印は各 300 円

縁結びの絵馬
800 円

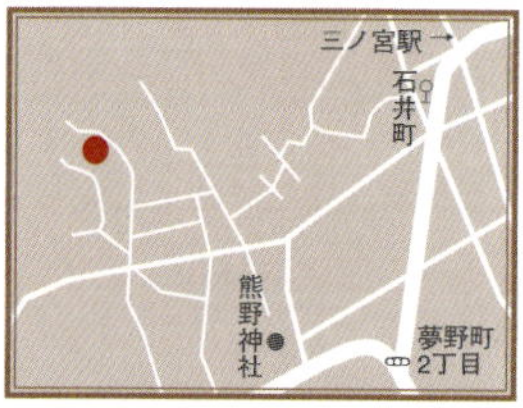

JR 三ノ宮駅南、神戸阪急前バス停より市バス⑦神戸駅行きで石井町下車 5 分

「神戸の伏見さん」氷室稲荷神社のご朱印

各ご朱印に付いているポストカード

078-531-2833
神戸市兵庫区氷室町 2-15-1
参拝時間　8:00 ～ 18:00（留守時のご朱印は書置き）
参拝料　なし
駐車場　なし
http://himurojinja.or.jp/

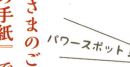

摂津

大林寺《だいりんじ》

◀中央に三宝印、左下にご本尊と寺名が入った角印が押され、阿弥陀仏と書かれた通年版のご朱印

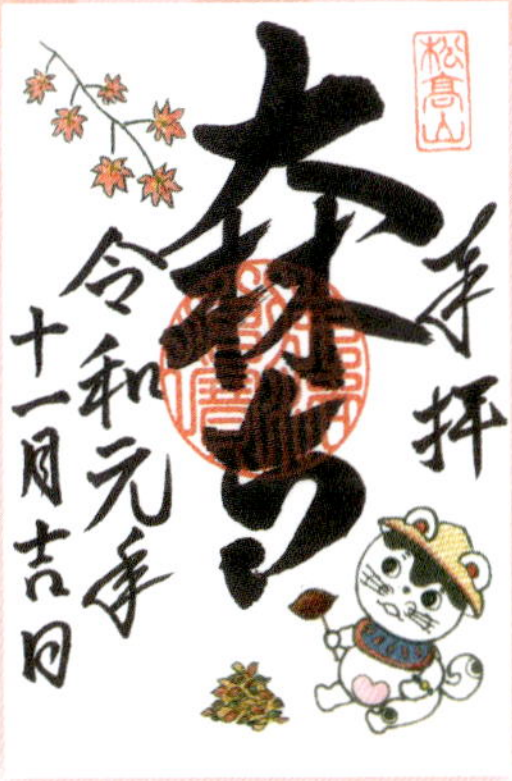

四季折々のポりんちゃんが描かれた「大林寺」と「狸地蔵」のご朱印は季節限定。3種類のご朱印は各300円

愛らしいキャラの季節のご朱印が人気

このご朱印！

1596（慶長元）年、現在の大阪市北区野崎町に創建。その後、数回に渡る大火や戦火からの再建を果たし、1962（昭和37）年、宝塚の現在地に移転されました。清荒神清澄寺の近くにある山に囲まれた静かな檀家寺ですが、令和新時代の始まりをきっかけに作った新しいご朱印が人気です。張子犬と境内の狸地蔵をモデルにした「ポりんちゃん」が描かれた通年版と季節限定のご朱印があり、ご朱印係の不在時は書置きが用意されています。

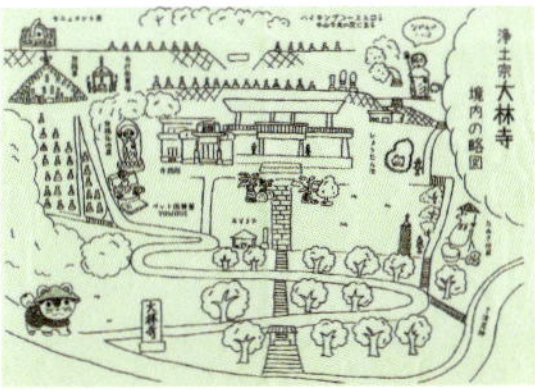

手描きの大林寺マップは寺務所で

網代傘姿がキュートな狸地蔵

眺めのいい広大な敷地に建つ大林寺

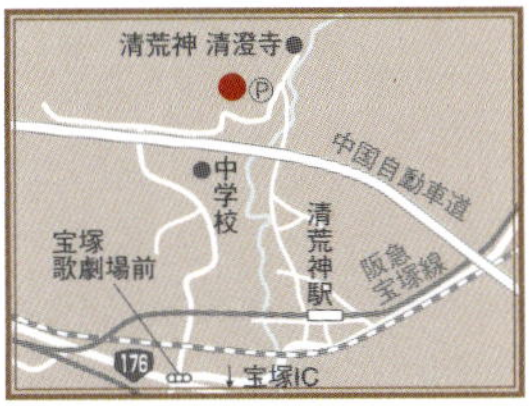

阪急宝塚線清荒神駅より参道を北へ15分
車／国道176号宝塚歌劇場前交差点より北へ10分

「狸地蔵」のご朱印

0797-86-6513
宝塚市切畑長尾山13
拝観時間　9:00～17:00
拝観料　なし
駐車場　約50台（無料）
https://twitter.com/Otanuki_Dairinz

櫻井神社《さくらいじんじゃ》

尼崎市指定歴史的建造物の本殿・拝殿。お賽銭箱にも桜！

尼崎城と尼崎城の鯱（裏面）が織り込まれたご朱印帳 2,000 円（ご朱印込）。2 色あり

尼崎城の歴史を残す春の桜が美しい神社

パワースポット！

尼崎城跡に１８８２（明治15）年創建の櫻井神社。初代櫻井松平信定公から最後の尼崎城主櫻井忠興公まで十六柱を祀っています。神社の歴史としては古くはないものの、戦火や震災に耐えた本殿と拝殿は、当時の姿がそのまま保存されている市内でも希少な木造建築。末社に尼崎瓢箪山稲荷社などがあります。また、人気アーティストの名前と同じであることから、近年はファンの「聖地」として海外からもたくさんの参拝客が訪れています。

絵馬 500 円

えんむすびお守り 800 円

物事が再び活動するように導く「復活守」。5 色の尾を持つ鳳凰の図柄が美しい。800 円

屋根にも桜！

阪神尼崎駅より 8 分

◀日本で唯一の「櫻井櫻」の社紋と角印が押されたご朱印。５００円

06-6401-6643
尼崎市南城内 116-11
参拝時間　7:00 ～ 20:00（授与所および社務所は 9:00 ～ 18:00、昼休みあり）
※北門は 18:00 閉門
参拝料　なし
駐車場　なし

摂津

水堂須佐男神社《みずどうすさのおじんじゃ》

このご朱印！

◀須佐之男命が日本で初めて作ったといわれるご神詠朱印が押され、季節の花々が描かれたご朱印 ５００円。３種類のご朱印は毎月変わります

季節の万葉歌と花が描かれた美しいご朱印。1,000 円

社殿の後方に尼崎指定文化財の水堂古墳がある（保存館の見学は社務所に申し出る）

古墳が歴史を伝える地元住民の氏神様

ご祭神は須佐之男命（『日本書紀』では素戔嗚尊）で、尼崎に何社かある「スサノオ社」の一つとして長い歴史があります。また、境内地のほぼ全体が5世紀ごろの前方後円墳で、１９６２年の発掘調査によって多数の遺跡がみつかりました。境内は四季折々の花で彩られ、ご朱印にも季節の花が万葉歌とともに繊細なタッチで描かれています。震災復興のシンボルになっている拝殿の天井画「万葉の花」をモチーフにしたご朱印帳やお守りも授与できます。

期間限定で授与される押し花のご朱印。ご神詠と境内の古墳から出土した三角縁神獣鏡を模したご朱印が押されている。500 円

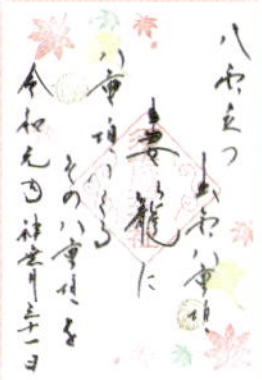

御詠歌ご朱印 500 円

古墳副葬品の銅鏡や刀剣、『万葉集』に詠まれた花々を描いた拝殿の天井画「万葉の花」

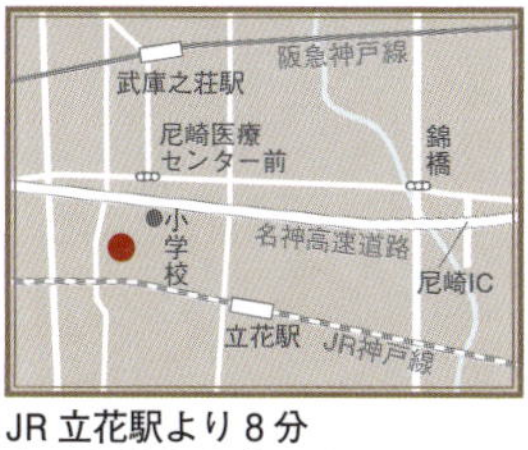

JR 立花駅より 8 分
車／名神高速道尼崎 IC より西へ 10 分

天井画をモチーフにしたご朱印帳とご朱印袋　各 1,500 円

06-6438-3078
尼崎市水堂町 1-25-7
参拝時間　9:00 ～ 16:00
（ご朱印受付は 10:00 ～ 12:00、13:00 ～ 17:00。詳細は HP で確認）
参拝料　なし
駐車場　5 台（無料）
https://www.m-susanoo.net/

摂津

神戸八社めぐり

神戸には一宮から八宮まで八つの神社があり、「神戸厄除八社」といわれています。八社には、天照大御神と素戔嗚尊の誓約《うけい》によって生まれた五男神と三女神が祀られています。201年、神功皇后が三韓からの帰国途中、ご神託により神戸で生田神社を創建しました。その際に、生田神社を囲むように点在する一宮から八宮までの各神社を巡拝したことから、参拝した順に神社名が付けられたと伝わっています。古くから節分に八社を参拝すると厄除けのご利益があるとされ、現在も巡拝が行われています。神社間を歩いて移動できるところもありますが、離れているところでも地下鉄や市バスで回ることができます。半日もあれば、ゆっくり八社をお参りすることができるので、ぜひチャレンジしてみてください。

「厄除八社巡拝のしおり」を入手して、各神社で朱印を押してもらおう。しおり、朱印各100円

一宮《いちのみや》神社 ❶

北野エリアに位置し、住宅街にある静かな神社。ご祭神は三女神の一柱、田心姫命《たごりひめのみこと》で、福岡県の宗像神社から勧請されたと伝わっています。厄除け、生成発展、縁結びの守護神として信仰されています。

二宮《にのみや》神社 ❷

JR三ノ宮駅から徒歩8分ほどのところにあり、ご祭神は五男神の一柱、天忍穂耳尊《あまのおしほみみのみこと》。最強のパワーを持った勝負の神様として知られ、地元の人たちから「正勝《まさかつ》さん」と呼ばれて親しまれています。

三宮《さんのみや》神社 ❸

「三宮」の地名の由来になった神社。ご祭神は三女神の一柱、湍津姫命《たきつひめのみこと》で、航海安全と商工業繁栄の守護神として古くから信仰されてきました。境内には、1868年に発生した神戸事件の碑が建てられています。

四宮《よのみや》神社 ❹

兵庫県庁の北側に位置する四宮神社。ご祭神は、三女神の一柱、市杵島姫命《いちきしまひめのみこと》で、七福神唯一の女神「弁財天」です。芸能や縁結びの神様として知られ、1985年に「弁財天芸能塚」が建立されました。

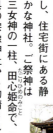

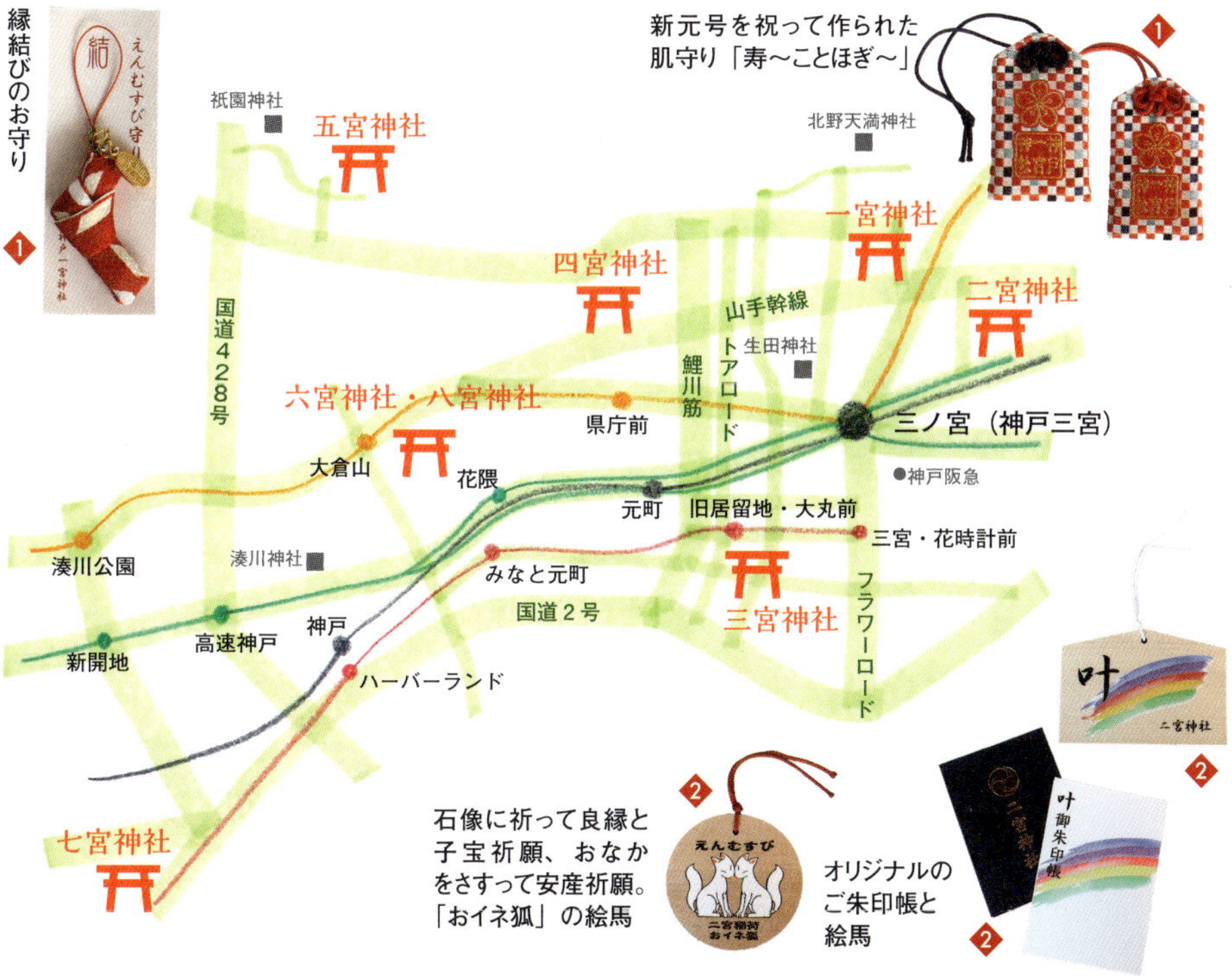

縁結びのお守り 1

新元号を祝って作られた
肌守り「寿〜ことほぎ〜」 1

2

2 石像に祈って良縁と子宝祈願、おなかをさすって安産祈願。「おイネ狐」の絵馬

オリジナルのご朱印帳と絵馬 2

五宮《ごのみや》神社 5

八社のなかで一番高台にあり、山を背にして大きなパワーを感じる神社です。ご祭神は五男神の一柱、天穂日命《あめのほひのみこと》で、五穀豊穣、厄除けなどのご神徳があります。不在時は北西へ徒歩8分ほどの祇園神社へ。

六宮《ろくのみや》神社・八宮《はちのみや》神社 6

地下鉄大倉山駅のすぐ近くにある八宮神社。ご祭神は五男神の一柱、熊野杼樟日命《くまのくすひのみこと》。明治時代に天津彦根命《あまつひこねのみこと》を祀る六宮神社が合祀されました。どちらも厄除けの守護神として信仰を集めています。

七宮《しちのみや》神社 7

八社のなかで一番南に位置する神社。ご祭神は五男神の一柱、天児屋根命《あめのこやねのみこと》と兵庫の地を開拓したといわれる大己貴尊《おおなむちのみこと》。厄除けとともに、航海安全、土地開発、縁結びなどのご利益があります。

1 中央区山本通 1-3-5　078-221-1281　9:00 〜 17:00
2 中央区二宮町 3-1-12　078-221-4786　9:00 〜 17:00
3 中央区三宮町 2-4-4　078-331-2873　10:00 〜 16:00
JR 三ノ宮駅、阪神・阪急神戸三宮駅、地下鉄三宮駅より 8 〜 12 分

4 中央区中山手通 5-2-13　078-382-0438　9:00 〜 17:00
JR 元町駅、阪神元町駅より 10 分

5 兵庫区五宮町 22-10　078-361-3450（祇園神社）　10:00 〜 16:00
JR 三ノ宮駅南、神戸阪急前バス停より市バス⑦神戸駅行きで五宮町下車 4 分

6 中央区楠町 3-4-13　078-341-6920　9:00 〜 17:00
地下鉄大倉山駅よりすぐ

7 兵庫区七宮町 2-3-21　078-671-3338　9:00 〜 16:00
JR 神戸駅、高速神戸駅より 15 分

SIMA SIMA《しましま》

食べる

Near 湊川神社　八宮神社

縞々がトレードマークの姉妹が営むかわいらしいお店。看板メニューだった定食がお弁当になって登場し、毎日のように訪れるお客さんもたくさん。日替わりで作るおかずはバランスもよく、プラス100円でスープが付けられる。店内が空いていれば、イートインも可能。グリーンティーラテや甘酒ミックスジュースなどのドリンクもおいしい。

◀ SIMASIMA のお弁当 850 円+本日のスープ 100 円

甘酒ミックスジュース 600 円▶

住：神戸市中央区相生町 4-5-3　**電**：078-381-6600
営：11:00 ～ 15:00 ((14:30LO)　**休**：土・日曜、祝日
P：なし　**アクセス**：JR 神戸駅北口より 2 分、阪神・阪急高速神戸駅より 4 分
HP：https://www.instagram.com/cafe_simasima.kobe/

Cafe 36《かふぇさんろく》

食べる

Near 北野天満神社　生田神社　一宮神社

住：神戸市中央区北野町 4-11-3
電：080-3833-9980
営：11:30 ～ 18:30（18:00LO）
休：火・水曜、不定休　**P**：なし
アクセス：JR 三ノ宮駅、阪神・阪急神戸三宮駅、地下鉄三宮駅より 15 ～ 20 分
HP：https://www.cafe36.jp/

異人館が建ち並ぶ北野エリアの大通りから少し外れた隠れ家のような雰囲気のカフェ。古い家具や道具類が配置されたシンプルな店内で、深い味わいの水出しコーヒーとハンドドリップで淹れるブレンドコーヒーが味わえる。ハヤシライスやサンドイッチなどのランチメニューのほか、自家製ケーキや水出しコーヒーのコーヒーゼリーも人気。

▼水出しコーヒー500円

COFFEE Norari&Kurari《こーひーのらりくらり》

Near 湊川神社　八宮神社　四宮神社

食べる

懐かしい雰囲気が残る元町六丁目商店街にあるカフェ。レトロビルが商店街に馴染んでいる。土鍋で4分間蒸してネルドリップで淹れるコーヒーは、豆が持つ油分が出てまろやかな味わいだ。卵を入れて2種類のチーズをトッピングした焼きチーズカレーやハーブソーセージがのったマサラカレーなど、オリジナルのカレーを目あてに来店するお客さんも多い。

◀焼きチーズカレーセット800円

住：神戸市中央区元町通 6-5-15
電：078-351-4799
営：11:00 ～ 19:00（日曜は～ 18:00）
休：土曜　**P**：なし
アクセス：阪神西元町駅西口より元町商店街を東へすぐ。JR 元町駅西口より東へ 10 分
HP：https://www.facebook.com/CoffeeNorariKurari/

自家焙煎珈琲豆工房《じかばいせんこーひーまめこうぼう》 豆匠《まめのたくみ》

買う　食べる

コーヒー 500 円、
チーズケーキ 1 個 250 円▶

Near 長田神社

少量ずつ焙煎した豆を好みに合わせてブレンドしてくれるので、「自分の味」をみつけた常連客が通う。毎週水・土曜には併設の「匠茶小屋 凛」でイートインもできる。定番のチーズケーキは 2 種類あり、店内で作ったコーヒーパウダーをつけて食べるのが特徴。コーヒーとともに味わえば、それぞれの味がさらに引き立つ。

住：神戸市長田区菅原通 2-108　**電**：078-576-3013
営：110:00 ～ 19:00（匠茶小屋 凛は水・土曜 13:00 ～）
休：日曜　※配達で不在の場合あり　**P**：なし
アクセス：阪神神戸高速線高速長田駅より 8 分、地下鉄長田駅より 10 分
HP：https://mametakucoffee.com/

北の椅子と《きたのいすと》

食べる　買う

Near 能福寺

住：神戸市兵庫区材木町 1-3　**電**：078-203-4251
営：11:00 ～ 18:00（16:00LO）
休：水・土曜、臨時休業あり　**P**：契約駐車場あり
アクセス：地下鉄海岸線和田岬駅より 8 分、JR 兵庫駅より 20 分
HP：https://kitanoisu-to.com/

北欧ヴィンテージ家具や雑貨などを扱う倉庫ショップ。店名の由来でもある「椅子ひとつ加えるだけで雰囲気がかわる」がコンセプトで、カフェでは個性的な椅子の座り心地を体感できる。契約農家から届く野菜をたっぷり使ったプレートランチは、メゾンムラタのパンとドリンクが付く人気メニュー。ほかにも自然素材の体にやさしいメニューがそろう。

▲チャイ 500 円（税別）

◀プレートランチ平日 1,000 円、休日 1,100 円（税別）

御影ダンケ《みかげだんけ》

食べる

Near 弓弦羽神社

世界で一つだけのバターブレンドコーヒーは、豆を焙煎した直後にバターを染み込ませた御影ダンケだけのオリジナル。苦味とコクが調和したまろやかな味と豊かな香りが特長だ。店内で焼き上げるケーゼクーヘンとのマリアージュも楽しみたい。1 杯ずつハンドドリップで丁寧に淹れたコーヒーを味わいながら、至福のひとときが過ごせる。

バターブレンド
コーヒー 550 円▶

住：神戸市東灘区御影郡家 2-19-16　**電**：078-843-6050
営：12:00 ～ 20:00　**休**：月曜、第 3 火曜（祝日は営業）
P：5 台　**アクセス**：阪急御影駅より 1 分
HP：http://mikage-danke.jp/

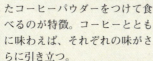

KIKILUAK《ききるあっく》

食べる

Near 清荒神清澄寺　大林寺

参道近くの人気店、シチニア食堂の2号店として2018年にオープン。店内のカウンターには、季節感のあるキッシュやマフィンなどがずらりと並ぶ。ランチには、それぞれ味付けや調理方法が違う10種類以上のたっぷり野菜と、メインの肉料理を日替わりで。カジュアルなワンプレートながら、ボリュームがあり、旬の野菜をバランスよく食べられると好評だ。全メニューテイクアウトOK。

▲日替わりランチ 1,000円（税別）

◀マフィンやスコーンなど各種

◀ドリンク類も充実

◀日替わりのカップサラダ 600円（税別）

住：宝塚市清荒神 1-2-18 ベガ・ホール 1F
電：0797-81-1058
営：9:00 ～ 17:00　（ランチは 11:00 ～ 15:00）
休：水曜
P：ベガ・ホール駐車場あり（有料）
アクセス：阪急宝塚線清荒神駅よりすぐ
HP：https://www.instagram.com/kikiluak/

尼崎城《あまがさきじょう》

見る

Near 櫻井神社　尼崎えびす神社

甲子園球場の約3.5倍に相当する広大な城として築造された尼崎城。1873（明治6）年の廃城令後に取り壊されたが、当時の絵図などをもとにして2019年に天守を再建した。見学は5階の展望ゾーンから。4階に展示されている城郭画家・萩原一青の作品は圧巻だ。3階と2階では各種体験ができ、1階では記念品なども販売。城内での見学や体験を通して、かつてこの地にお城があったという歴史を楽しみながら学ぶことができる。

▲御登城記念証 300円

▲3階なりきり体験ゾーン

全国の城を描いた「名城手拭百城」▶

住：尼崎市北城内 27　**電**：06-6480-5646
営：9:00 ～ 17:00（入城は～ 16:30）
休：月曜（祝日は営業、翌日休）
料：大人 500 円、小・中・高校生 250 円
P：18 台（1 時間 400 円）
アクセス：阪神尼崎駅より 5 分
HP：https://amagasaki-castle.jp/

茶家《ちゃいえ》

食べる

Near 越木岩神社

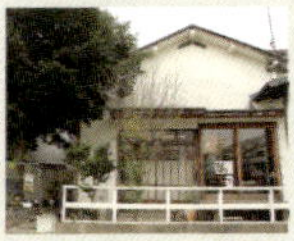

夙川のほとりに建つ和カフェ。注文を受けてから焼くたいやきは、丹波黒さや大納言小豆や季節のおすすめあんがそろう。産地から取り寄せた日本茶や、セレクトした紅茶はそれぞれ 10 種類以上。豊かな香りを楽しみながら、たいやきや和菓子が味わえる。週がわりの「おひるごはん」もあり、夏期には自家製みつを使ったかき氷がおすすめだ。

▲夏期のかき氷も楽しみ

▲たいやき 1 個 170 円～、特上ほうじ茶 500 円

住：西宮市松風町 8-21　**電**：0798-74-9444
営：12:00 ～ 17:00（土日・祝日は～ 18:00、各 30 分前 LO）
休：月曜（祝日は営業、翌日休）不定休あり　**P**：1 台
アクセス：阪急苦楽園駅より北へ 8 分
HP：https://www.facebook.com/chaie0501/

KOMA《こま》

食べる　買う

Near 西宮神社

▲店の前にもグリーンがいっぱい

瑞々しいグリーンに包まれるようにアンティーク風の雑貨が並ぶナチュラルな雰囲気の店内。ディスプレイに使われている木製品は店主のハンドメイドで、セミオーダーも可能。不定期でワークショップも開催する。ランチタイムに味わえる本場の韓国家庭料理も人気。西宮神社の十日戎開催時には、店頭で販売する韓国屋台メニューも楽しみだ。

▲ふわふわのケランチム（韓国風茶碗蒸）

住：西宮市馬場町 4-6
電：0798-34-0239　**営**：10:00 ～ 18:30（ランチは 11:50 ～ 13:30）
休：日曜　**P**：なし
アクセス：阪神西宮駅より南へ 3 分
HP：https://www.instagram.com/wonmee.h.1205/

ヒノデ阿免本舗《ひのであめほんぽ》

買う

Near 櫻井神社　尼崎えびす神社

▲水飴 1,100 円、飴 5 本入 550 円

創業 100 年を超える、飴の老舗。砂糖を使わず米だけで作る黄金色の水飴は、喉にやさしく口の中で自然の甘さが広がる。店舗の奥では、機械を使わずに昔ながらの製法で一つひとつ丁寧に作られている。商品は水飴と固形タイプの 2 種類のみ。屋号の冠「琴城」は尼崎城のことで、城とともに歴史を刻んできた尼崎が誇る名店だ。

住：尼崎市開明町 1-36
電：06-6411-0340
営：9:00 ～ 19:00
休：日曜、祝日
P：なし
アクセス：阪神尼崎駅より南へ 4 分

書寫山《しょしゃざん》 圓教寺《えんぎょうじ》

常行堂、食堂、大講堂がコの字型に建ち並んだ「三つの堂」は、いずれも重要文化財

静寂な山上に大伽藍 壮大な規模を誇る古刹

書寫山圓教寺は、966（康保3）年、性空上人《しょうくうしょうにん》によって開かれた天台宗の修行道場の寺です。西国三十三霊場の第二十七番札所で、日本三大天台道場のひとつ。西の比叡山ともいわれています。摩尼殿は、山間に迫り出すように建つお堂。この堂ができる前、天人が桜樹を礼拝するのを見て、性空上人が根の付いた生の木の幹に観音像を刻んだことから、岩山の中腹の舞台造りとなったそうです。

摩尼殿からさらに奥に進むと、常行堂、食堂、大講堂という「三つの堂」があります。山上に大きな堂宇が立ち並ぶ景色はまさに壮観。常行堂の脇道を下った奥之院には開祖の性空上人を祀る開山堂があり、ここではチベット語のご朱印をいただけます。『ラストサムライ』や『軍師官兵衛』、『3月のライオン』など、映画のロケ地としても有名なこのお寺で、ロケ地巡りをするのも楽しみです。

079-266-3327
姫路市書写 2968
拝観時間　8:30 ～ 17:00　※季節によって変動あり
拝観料　500 円、別途特別志納金 500 円（山上のシャトルバス往復利用）
駐車場　250 台
（山麓のロープウェイ駐車場利用、無料）
http://www.shosha.or.jp/

▲中央にご本尊の如意輪観音が祀られた場所「摩尼殿」、その梵字の宝印が押されています。「大講堂」のご朱印もあり。各 300 円

奥之院の開山堂でいただけるチベット語のご朱印。「開山堂 書写山 奥之院」と書かれています。 300 円

摩尼殿が描かれた絵馬
500 円

桜守　600 円

ゆめ叶守（桜）500 円

開運厄除守
500 円

オリジナルご朱印帳
1,000 円

907（元禄元）年創建の魔尼殿。本尊六臂如意輪観世音菩薩は、1 月 18 日、鬼追いの日に開扉される

摩尼殿から「三つの堂」へ向かう道にそびえる樹齢700年の「巨大スギ」

JR・山陽電鉄姫路駅より神姫バス書写ロープウェイ行きで終点下車、ロープウェイへ。山上駅より 15分

車／山陽自動車道姫路西ICより 10分、ロープウェイへ

mi・do・ko・ro

写経体験（花びら写経）

花びら型の散華（さんげ）の色紙にする写経。5色あり、白は「一願」、紫は「縁組」など、それぞれ意味があります。裏に願い事と氏名を書き、15～20分もあれば仕上がります（300円）。そのほかに、本格的な般若心経コースもあります。

近年神社建築の様式で再建した元姫路城の城郭門。
幅 26m、高さ 16 m で国内最大級の楼門

播磨國総社・射楯兵主神社《はりまのくにそうしゃ・いたてひょうずじんじゃ》

縁結びや勝運のご利益
播磨国総鎮守の神様

「総社さん」「総社の神様」と呼ばれ親しまれている播磨國総社。正式な神社名は「射楯兵主神社」といい、射楯大神《いたてのおおかみ》と兵主大神《ひょうずのおおかみ》をご祭神として祀っています。また、総社の名の由来になっている播磨国内の摂末社の神々を合わせ祀っています。564（欽明天皇25）年に、飾磨郡に大己貴命《おおなむちのみこと》（兵主の神）を祀ると伝えられ、同じ飾磨郡に奈良時代より射楯の神が祀られていたと『播磨国風土記』に記されています。その後、1181年には「播磨國総社」と称しています。

射楯大神は、五十猛命《いたけるのみこと》という素戔嗚尊《すさのおのみこと》の子神で、植樹の神様と崇められています。そして、兵主大神は、大国主命《おおくにぬしのみこと》・七福神の大黒様とも呼ばれ、縁結びの神様として名高く、福の神としても慕われています。黒田氏の信仰も篤く、黒田家の軍旗のお祓いをしたという官兵衛ゆかりの神社。さまざまなご利益がいただけそうです。

079-224-1114
姫路市総社本町 190
参拝時間　6:00 ～ 17:30
（夏期は 5:00 ～ 19:00、社務所は 9:00 ～ 17:00）
参拝料　なし
駐車場　40 台（最初の 1 時間 300 円、以降 30 分ごと 100 円）
http://sohsha.jp/

▲中央に神社の正式名と播磨之国総社の朱印、右肩には神使・ミミズクをかたどった「奉拝」の印が押されています。300円

縁結び守 1,000円

黒田家の軍旗をモチーフにした戦勝祈願のお守り。官兵衛勝守 2,000円

男性用、女性用としてカップルで持ちたいペア守 2,000円

境内北側には、十二社合殿と播磨十六郡の神々をお祀りしている

播磨國総社は中世の赤松氏や歴代の姫路城主に崇め敬われた神社、官兵衛の父・職隆は、拝殿と神門を修築した

この神社の神使で吉兆の鳥、ミミズクにちなんだ「撫でみみづく」

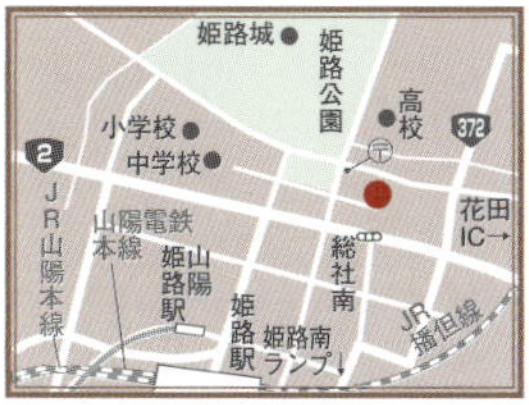

JR・山陽電鉄姫路駅より16分
車／姫路バイパス姫路南ランプより10分、播但連絡有料道路花田ICより12分

mi・do・ko・ro

ひめじ
縁結び通り

南参道の石畳に埋め込まれているハートが並んだ「縁結びプレート」をたどって、南鳥居から本殿まで進み縁結びのお参りをしてお守を授与します。プレートのハートの数「51」は「51→こい」…「恋よ来い」にかけています。

播磨

廣峯神社《ひろみねじんじゃ》

拝殿（表参り）の参拝の後、本殿裏で九星詣り（裏参り）をするのがこの神社での独特な参拝の仕方

新たに官兵衛神社が完成 パワーを増した姫路の守護神

姫路城の北の守護神、広峰山の山頂に鎮座する神社。奈良時代に聖武天皇の勅命により、遣唐使・吉備真備公が建立した由緒正しき古社です。真備公は日本に陰陽暦学を広めるため、主祭神である素戔嗚尊《すさのおのみこと》を牛頭天王《ごずてんのう》・天道神、奇稲田媛命《くしいなだひめのみこと》を歳徳神、八王子を八将神にして「こよみの神」としました。また、牛頭天王を祀る全国の神社仏閣の総本宮としても崇敬されてきました。

本殿裏にある九つの穴には一白水星から九紫火星までの九星の守護神が鎮まっており、運命星の穴に向かって願い事を3回ささやくと願いが叶うといわれ、この「陰陽九星詣り」が人気です。

2019年11月には、軍師・黒田官兵衛をご祭神とする「官兵衛神社」が完成しました。知恵・許し・夫婦円満・地域振興の神様として祀られ、さらに新たなご利益をいただけそうです。

079-288-4777
姫路市広嶺山 52
参拝時間　9:00 ～ 16:30
参拝料　なし
駐車場　42 台（無料）
http://www.hiromine-j.jp/

▲右肩には山の名前、中央にご祭神である素戔嗚尊の別名「武大神」、「牛頭天王総本宮」と神社名の朱印を押印。300円

陰陽道のシンボルマーク入りのご朱印帳。各 5,000 円（ご朱印付き）

官兵衛の「智恵授」、官兵衛の「財福守」各 800 円

家の玄関につるす魔除けの輪守り 3,000 円

「夢結び守」800 円

神秘の幸福桃 1500 円。ご祭神の素戔嗚尊は、魔除け・厄除けの神様で、桃はそのシンボル

本殿は室町中期、拝殿は江戸時代に再建された建物で国内最大級といわれ、国の重要文化財に指定されている

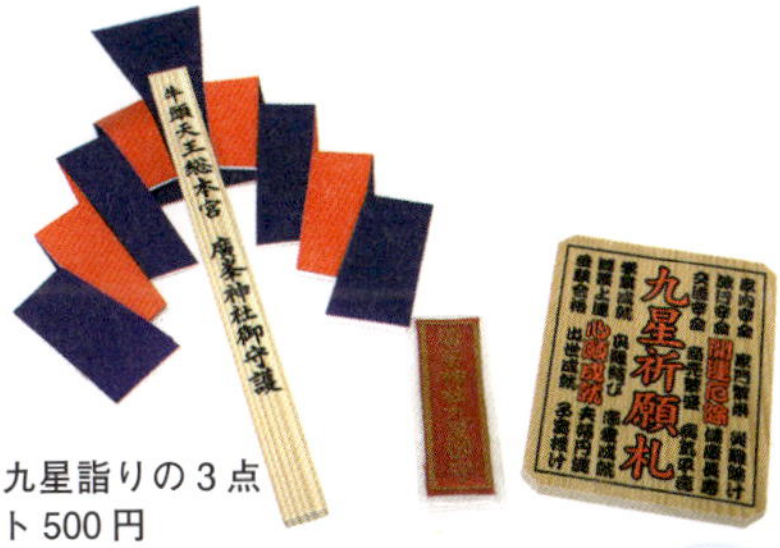

陰陽九星詣りの 3 点セット 500 円

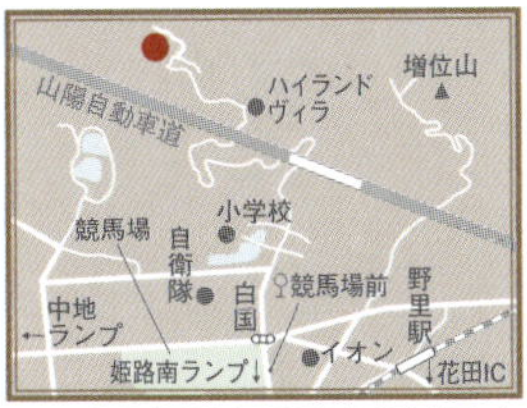

JR・山陽電鉄姫路駅より神姫バスで競馬場前下車、タクシーで 10 分
車／姫路バイパス姫路南ランプより 30 分、播但連絡有料道路花田 IC より 25 分

mi・do・ko・ro

＼官兵衛神社／

ご神体は黒田家を支え続けた「珪化木」。また、キリシタン大名でもあった官兵衛にちなみ、ご神宝となる日本刀と十字架が祀られています。姫路の伝統工芸品「明珍火箸」の製作で知られる「明珍家」によるものです。

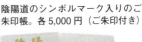

和様・大仏様・禅宗様の折衷様式の代表作である本堂と県下最古の建築である太子堂は、ともに国宝

播磨

鶴林寺《かくりんじ》

多くの文化財を所蔵する「播磨の法隆寺」

蘇我氏と物部氏の争いを避け、高麗出身の僧・恵便法師が播磨に隠れていたとき、聖徳太子は法師の教えを受けるために播磨を訪ね、589年、秦河勝に命じて3間4面の精舎を建立させたのがはじまり。1112（天永3）年、鳥羽天皇からの勅願により「鶴林寺」と改めました。12世紀初めには、国宝の太子堂や重要文化財の常行堂を、室町時代には国宝の本堂をはじめ、鐘楼や仁王門なども造られました。

白鳳の時代から平安・鎌倉・室町など各時代のハイレベルな文化財を残している貴重なお寺です。宝物館にある「金銅聖観音立像」は寺所蔵の数多くの重要文化財の中でも至宝とされているもののひとつ。白鳳時代に造られた青銅に金箔を貼った金銅仏で、白鳳仏の傑作です。また、花の寺としても有名で、境内では沙羅双樹や菩提樹の花など、美しい四季の花を堪能することができます。

079-454-7053
加古川市加古川町北在家 424
拝観時間　9:00 ～ 17:00
（最終受付 16:30）
拝観料　500 円（宝物館とセットで 800 円、そのほかファミリー割引あり）
駐車場　30 台（無料）
http://www.kakurinji.or.jp/0790-48-2484

▲右肩には「聖徳太子霊場」、中央に「刀田の太子」の文字、漢字の「鶴」をあしらった花の模様の宝印が押されています。300円

西国四十九薬師霊場会の薬壺型の金紙特別朱印（～2021年12月31日）。500円

ウインクする仏像として話題になった新薬師堂の十二神将の1人「摩虎羅大将（マコラたいしょう）」

鶴林寺御守
各500円

聖太くんクリアファイル各300円

聖太くんストラップ
500円

「宝物館」には「聖観音立像」をはじめ、太子堂壁画の復元模写などお宝がいっぱい

すらりとした立ち姿、きゅっとひねった腰が魅力的な「あいたたの観音さま」こと「聖観音立像」

JR加古川駅より南へ25分またはかこバスで8分。山陽尾上の松駅より15分
車／加古川バイパス加古川東ランプ、加古川ランプより10分

mi・do・ko・ro

ふりきる門 ふりきる石

「ふりきる門」は江戸時代からこの場所にあった一石一字塔に手を加えたもので、石の門をくぐって塔の後にある不思議な摩尼車を念じながら回すことで、願いが叶います。気持ちが晴れなければ2回、3回と回しましょう。

播磨

高砂神社《たかさごじんじゃ》

千姫をはじめ、武将や貴人、学者など著名人も多く歴訪している

縁結び・夫婦和合長寿
謡曲『高砂』ゆかりの宮

「たかさごや～この浦舟に帆をあげて～」で知られる、世阿弥の謡曲『高砂』発祥の神社。起源は今から約1700年前。神功皇后が、三韓より凱旋する途中で鹿子水門に停泊し、国家鎮護のために大己貴命《おおなむちのみこと》を祀ったのが始まり。その後、天禄年間に疫病が流行りますが、素戔嗚尊《すさのおのみこと》と奇稲田姫《くしだひめ》の夫婦を併せてお祀りしたところ、疫病がおさまったそうです。歴代姫路城主からの尊崇も篤く、社領を寄進されています。

その昔、一本の根から雌雄の幹が左右に分かれた松が生えました。ある日「尉《じょう》と姥《うば》」に姿を変えた伊弉諾尊と伊弉冉尊の二神が現れ、夫婦のあり方を説いたのです。それからこの木は相生の霊松と呼ばれ、この松の前で結婚式を挙げるようになり、縁結びと夫婦和合の象徴として信仰されるようになりました。庶民の結婚式発祥の地で、由緒正しき縁結びの神社としての所以がここにあります。

079-442-0160
高砂市高砂町東宮町 190
参拝時間　7:00 ～ 17:00
参拝料　なし
駐車場　30 台（無料）
https://takasagojinja.takara-bune.net/

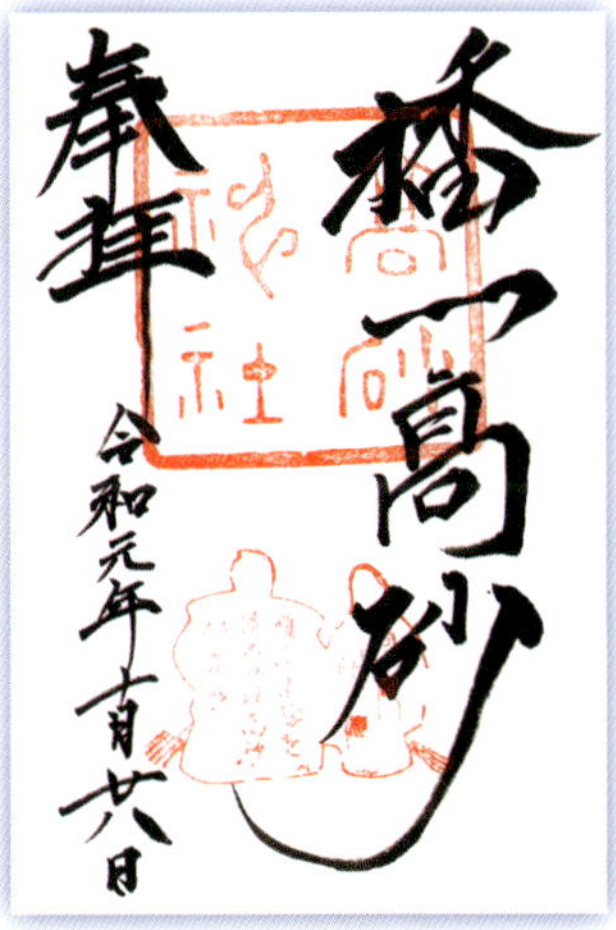

▲右肩には「播州高砂」。神社名の朱印と、下には尉と姥の輪郭、その中に尉と姥の言葉が書かれたご朱印。300円

尉姥神社のご朱印。右下には「和合長寿」の墨書。300円

両方のご朱印が欲しい場合は、見開きで受けることもできる。600円

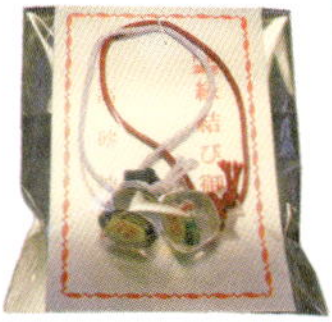

縁結び御守
700円

スタイリッシュで現代風な「むすび守り」 1,000円

相生松の絵馬　500円

謡曲『高砂』に名高い相生松は雌雄一体の珍しい松。境内にあるのはその5代目

松のそばにある「尉姥神社」には伊弉諾尊と伊弉冉尊をご祭神として祀り、結婚式場となっている

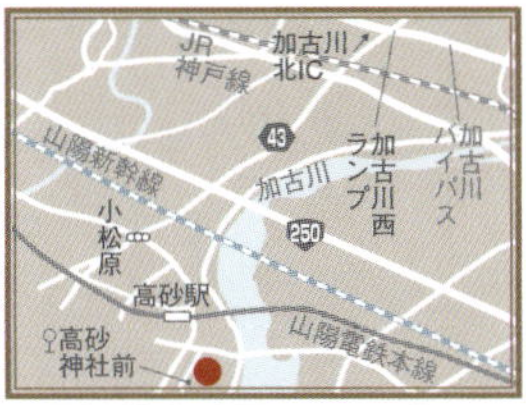

山陽電鉄高砂駅より15分、JR加古川駅より神姫バス「高砂神社前」下車すぐ
車／加古川バイパス加古川西ランプより6分、山陽自動車道加古川北ICより15分

mi・do・ko・ro

＼高砂の真砂／

社務所の入り口近くの石臼のなかにお清めされた砂があります。これは、黒松と赤松を出会わせ、「相生の松」を育んだ白砂といわれています。縁結びのご利益も高いので持って帰りたいですね。小瓶を利用する場合は300円。

播磨

鹿嶋神社《かしまじんじゃ》

大きさとしては日本最大級。チタン製の鳥居としては全国一の大きさを誇る大鳥居

一願成就のパワーが宿る 武道・勝負の神

ご祭神は、武甕槌命《たけみかつちのみこと》、経津主命《ふつぬしのみこと》で、どちらも武道、勝負の神様。「一願成就の神」として有名です。聖武天皇の勅願により、播磨の国、国分寺の東院として大日寺が建立された時、鎮護の神として祀られました。1578（天正6）年、秀吉による神吉城攻略の際、戦火を免れ焼け残りました。その後、徳川家綱公の時代に現在の場所に移転。歴代姫路藩主の崇敬が篤く、祭礼には特使を派遣されていました。

独特なお参りの仕方があり、神前で香をたき、お灯明を点けるという習わしがあります。また、お百度参りならぬ「神殿廻り」をすれば願いがかなうそうです。

初詣客は毎年約20万人という播磨随一のお宮。1月最終日曜には「学神祭」が行われ、合格祈願の神頼みに多くの受験生らが訪れます。境内や周辺は豊かな自然に恵まれ、春は桜、秋は紅葉の名所としても有名です。

079-447-4676
高砂市阿弥陀町地徳 279
参拝時間　自由（社務所は 8:00 ～ 17:00、祈祷は 8:00 ～ 16:00）
参拝料　なし
駐車場　400 台（正月は有料）
http://www.kashimajinja.or.jp/

▲中央に神社の名前、神紋の左三ツ巴と神社名の朱印が押されています。300 円

一願成就守り（2 色）
各 500 円

勝守り 500 円

幸福守り 500 円

神の使い「鹿」が描かれたご朱印帳
各 1,500 円

金勝みくじ 200 円

再建から 300 年を超える本殿。本殿脇に願い事のシンボル、千羽鶴や絵馬が数多く奉納されていて目を和ませる

この玉を 3 回なでながら「払え給え、清め給え、守り給え、幸へ給え」と 3 回唱えて願うと幸せを招く「招福の玉」

電車／ JR 曽根駅より 30 分
車／姫路バイパス高砂西ランプより 9 分、加古川バイパス高砂北ランプより 10 分

mi・do・ko・ro

神殿廻り・擦り願い石

願い事を成就させるために、邪念を断ち、数え年の数だけ時計回りに神殿の周りを回ります。その際、願いを込めて擦り願い石をひとなでします。数を忘れないようにするために竹の札を持って回ってもいいそう。

石寶殿《いしのほうでん》 生石神社《おうしこじんじゃ》

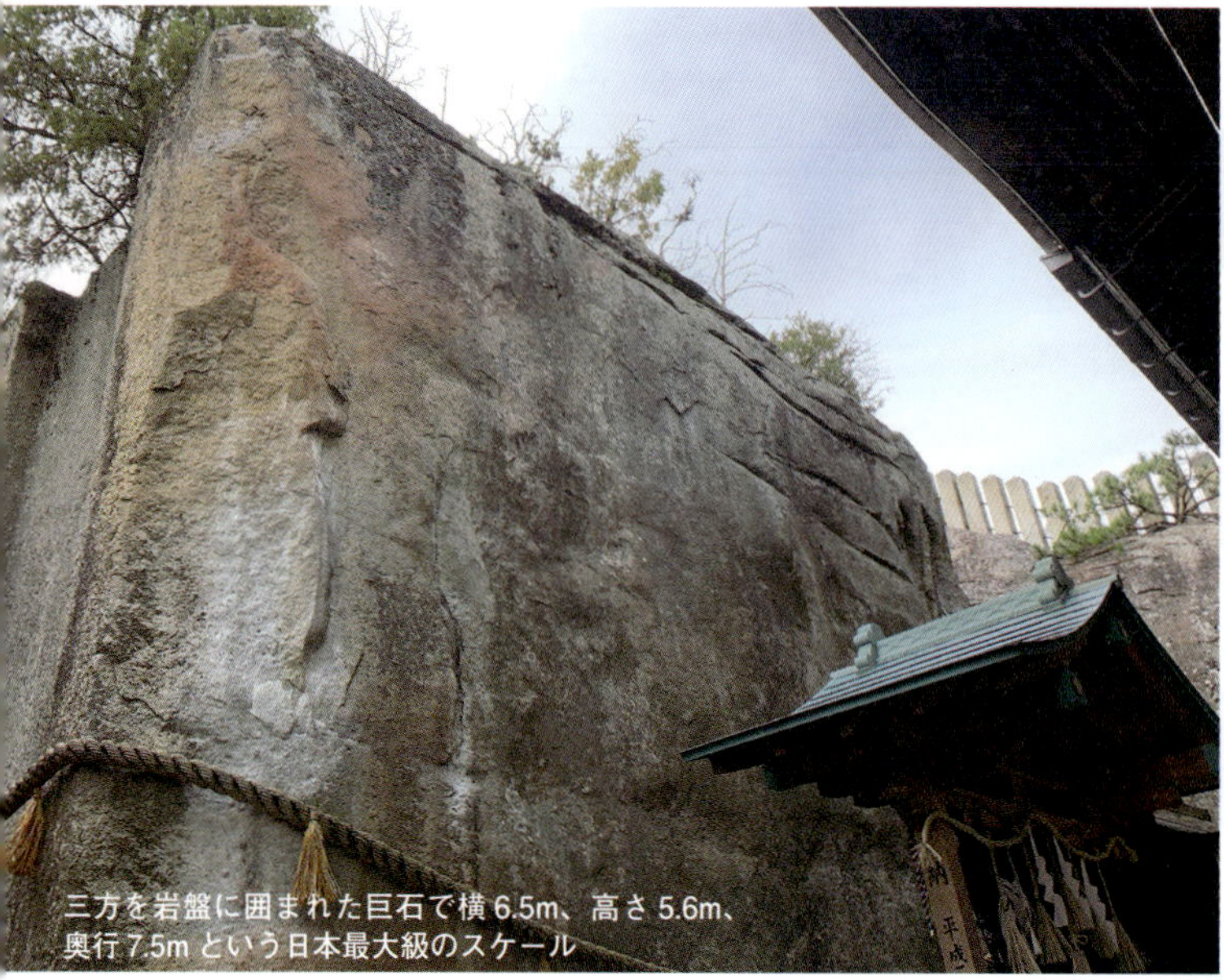
三方を岩盤に囲まれた巨石で横 6.5m、高さ 5.6m、奥行 7.5m という日本最大級のスケール

日本三奇の巨石
ご神体のパワー半端なし

「日本三奇」の一つに数えられる生石神社の「石乃寶殿」。水に浮いているようにも見えることから「浮石」とも呼ばれ、生石神社のご神体として祀られています。

神代の昔、大穴牟遅《おおあなむち》と少毘古那《すくなひこな》が、出雲国から国造りのため播磨国に来た際、石造の宮殿を建てようとして、一夜のうちに現在の形まで造りました。土着の神の反乱により、その鎮圧の間に夜明けとなり、この宮殿は横倒しのまま起こすことができなかったのです。そこで、二神はたとえ未完成でもここに鎮まり、国土を守ることを誓ったそうです。

巨石の裏側にある三角の突起の左側が最もご神体に近く、一番のパワースポットだとか。感じるところは人それぞれですが、岩に手を当ててパワーチャージしましょう。周りの岩山に登って、上から石の宝殿を見ることもできます。そこからだと、全体の形がわかりやすいでしょう。

079-447-1006
高砂市阿弥陀町生石 171
参拝時間　自由
（授与所は 9:30 ～ 17:30、夏は～ 16：30）
参拝料　100 円
駐車場　50 台（無料）
http://www.ishinohouden.jp/

▲中央の墨書きは日本三奇、石寶殿。勾玉のなかに生石神社の印、播磨國石寶殿の角印が押されています。300円

石寶殿と同じ竜山石を祈祷した願い石。各 1,500 円

全身の力を込めてこの霊岩を押した手で体の弱いところをなでると、霊岩に宿る神様より力を授かるそう

昔の神社の境内絵図の版画 1,000 円
この絵をモチーフにしたオリジナルご朱印帳 2,500 円（ご朱印付）

中央に通路を設けた珍しい構造の本社。右側でお参り、左側でお参り。そして拝観料を払ってご神体の前でお参り

ご神体の足元の池には今まで涸れたことのないというご神水が。万病を癒すご利益がある

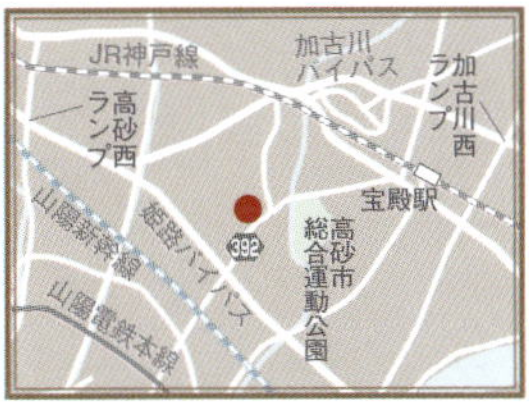

JR 宝殿駅南より 25 分
車／加古川バイパス高砂北ランプより 3 分、姫路バイパス高砂西ランプより各 6 分

mi・do・ko・ro

山上からの眺め

360度のパノラマが広がる見晴らし最高の山上からの眺め。高砂市街地はもとより、瀬戸内海まで見渡すことができます。戦国時代には、明石城からの狼煙を受けて、姫路城への中継点になっていたそうです。

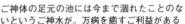

播磨

浄土寺《じょうどじ》

光に輝く巨大な三尊像 兵庫県唯一の国宝彫刻

今から８００年前、鎌倉時代初めに建立された寺。その昔、奈良・東大寺の荘園があったところで「大部荘《おおべのしょう》」と呼ばれていました。源平合戦の兵火で焼失した東大寺再建の責任者・重源上人《ちょうげんしょうにん》は、この地を開発することで再建の費用を賄おうとしました。その拠点が浄土寺で「播磨別所」とも呼ばれています。建物はもちろん、彫刻・絵画など貴重な文化財が残され、鎌倉時代の息吹を伝えています。

浄土堂に入ると、巨大な三尊像が中央の須弥壇上に立っていて、その迫力たるやほかに例を見ないほど。この三体は浄土寺の本尊で、創建当時にお堂と同時に作られたもの。鎌倉時代を代表する大仏師・快慶の初期の作品です。１丈６尺（5.3ｍ）の大きさの「丈六」の立像としても珍しいものです。見る角度によって表情が変わって見えますが、安定感抜群なその姿に力を授けてもらえそうです。

兵庫県唯一の国宝の仏像「阿弥陀如来三尊像」。仏像マニア必見の、完成度が高い仏様

0794-62-4318（歓喜院）
0794-62-2651（宝持院）
小野市浄谷町 2094
拝観時間　9:00 ～ 12:00、13:00 ～ 17:00
（10 ～ 3 月は～ 16:00）
拝観料　500 円
駐車場　30 台（無料）

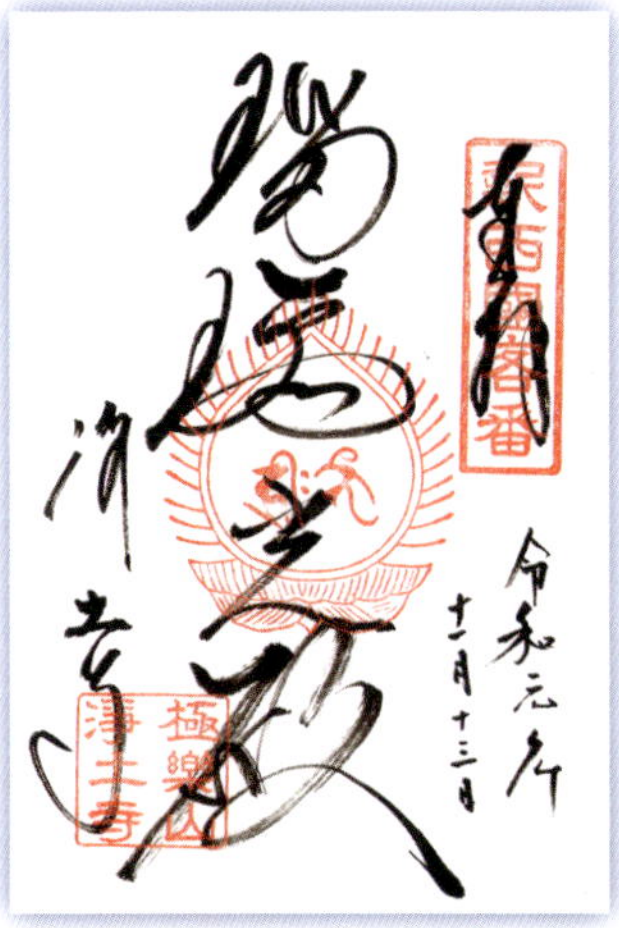

▲本尊・薬師如来の別名「瑠璃光如来」を祀る殿堂の意で「瑠璃光殿」。薬師・阿弥陀如来の梵字の宝印を押印。300円

ご詠歌の墨書きに同様の梵字の宝印を押印。300円

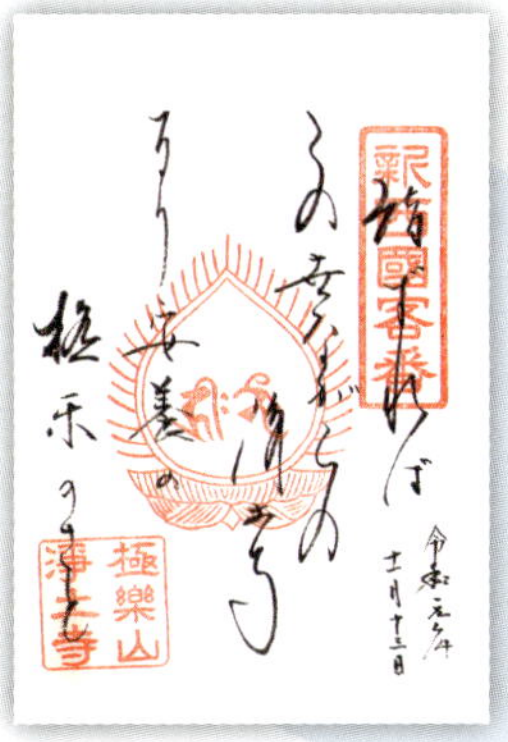

本堂裏の山には、四国八十八所霊場のうつしがあり霊場めぐりができる。1周約1500 m、30～40分のコース

本尊の薬師如来が祀られる本堂、薬師堂。国指定重要文化財

本瓦葺、宝形造のお堂。東大寺再建に用いられた大仏様（天竺様）を残す唯一の仏堂。堂内に入るとその広さに驚く

国指定重要文化財、八幡神社の拝殿・本殿。東大寺に鎮守の手向山八幡宮があるのと同様、浄土寺にも残っている

神戸電鉄小野駅より神姫バス天神行きまたは鹿野行きで浄土寺下車すぐ
車／山陽自動車道三木小野 IC より5分

mi・do・ko・ro

光のオブジェの三尊像

夕方になると、背面の格子戸から西日が射し込み、床に反射して屋根裏にあたります。光がふりそそぐと、本尊は黄金色に輝き、雲に乗って浮かんだ浄土からのご来迎の姿に見えます。真夏の夕方が、特におすすめです。

播磨

播州清水寺《ばんしゅうきよみずでら》

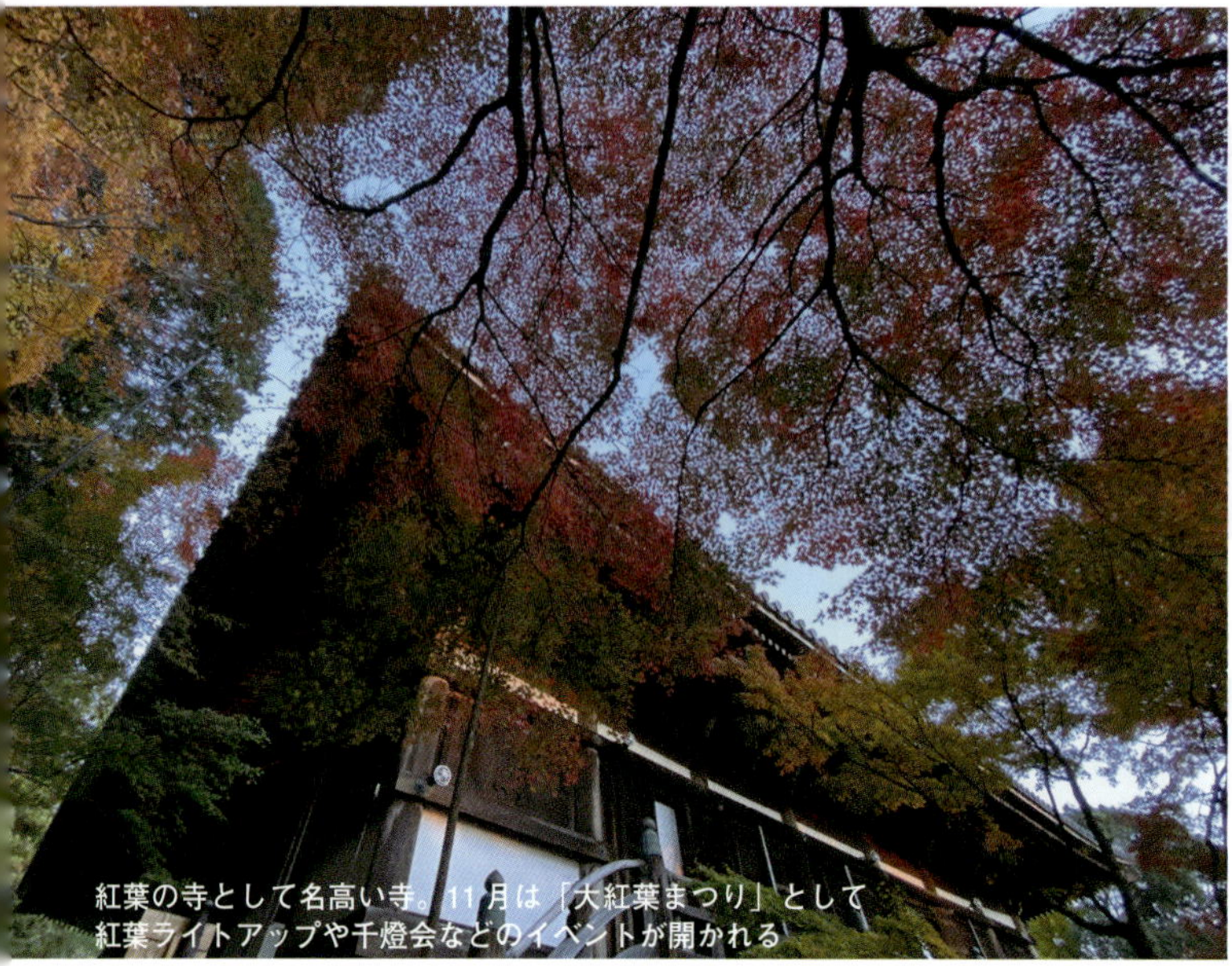

紅葉の寺として名高い寺。11月は「大紅葉まつり」として紅葉ライトアップや千燈会などのイベントが開かれる

豊かな自然に包まれる見どころ満載の名刹

インドの僧・法道仙人が中国・朝鮮を経て渡来し、御嶽山で鎮護国家豊作を祈願したのが今から1800年前のこと。627（推古35）年、推古天皇の勅願で根本中堂を建立しました。水に乏しかったこの地で仙人が水神に祈り、霊泉が湧いたことから「清水寺」と名付けられました。725（神亀2）年、聖武天皇が行基に勅命して大講堂を建立したことから、この寺では根本中堂、大講堂ともに本堂とされています。

西国二十五番札所としての信仰も厚く、多くの参拝者は、春は桜・ツツジ、夏はアジサイ、秋は紅葉、冬は椿・梅・雲海…と四季折々の自然を満喫することができます。

近年好評なのが、地元播州織の布を使って特別にデザインした寺紋入りのオリジナルご朱印帳やご朱印帳バッグ。パープルとグリーンの色合いもきれいで、特に女性から人気を集めています。

0795-45-0025
加東市平木 1194
拝観時間　8:00 ～ 17:00
拝観料 500 円
駐車場　340 台（無料）
http://kiyomizudera.net/

▲中央にご本尊千手観音の梵字宝印が押印、祀られた場所「大講堂」と書かれています。ほかに4種あります。各300円

オリジナルご朱印帳
2,800円

朱印帳バッグ
各3,000円

美守（びまもり）
ミラー　各1,500円

合格御守　500円

飾り結びのチャーム付き
一点もの播州織お参りバッグ
4,000円

627（推古35）年に創建された根本中堂。推古天皇勅願所で本尊の十一面観音は開山法道仙人一刀三礼の秘仏

奈良県のマスコットキャラクター「せんとくん」の作者として有名な籔内佐斗司氏作の十二神将が安置されている薬師堂

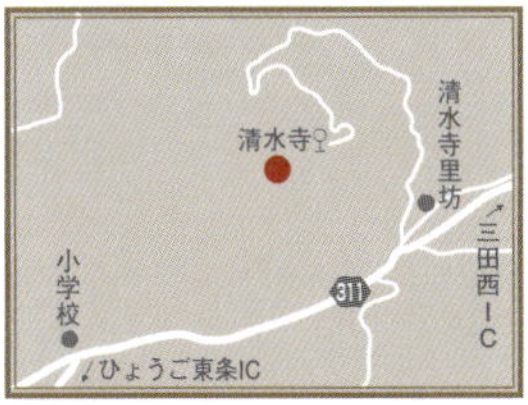

JR相野駅より神姫バス清水寺行きで終点下車すぐ（1日2本）
車／舞鶴若狭自動車道三田西IC・中国自動車道ひょうご東条ICより各20分

mi・do・ko・ro

\おかげの井戸/

根本中堂の奥にある「おかげの井戸(滾浄水《こんじょうすい》)」は、開山の法道上人が水神に祈って湧水した霊泉で「清水寺」といわれる由緒の地です。のぞいて顔が映れば寿命が3年延びるといわれているパワースポット。

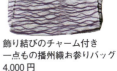

播磨

多聞寺《たもんじ》

墨絵師「御歌頭（おかず）」さんによる「後藤又兵衛」の墨絵は迫力満点

黒田二十四騎のひとり 後藤又兵衛の菩提寺

黒田官兵衛率いる「黒田二十四騎」、そして大坂夏の陣の「大坂城五人衆」の一人として混乱の戦国時代に活躍した武将、後藤又兵衛。西軍・豊臣の軍勢につき、河内道明寺の戦いで、東軍・徳川勢に対し真っ先に立ち向かい、孤軍でおよそ8時間奮戦しましたが、壮絶な戦いの末、討ち死にしてしまいました。その一周忌にあたる1616（元和2）年に、又兵衛の三男が父を弔うために建てたお寺です。

2014年、NHK大河ドラマ『軍師官兵衛』に又兵衛が登場し、参拝者からのリクエストで生まれたのがこのかっこいいご朱印です。槍の名手だったことから、デザインに取り入れ、槍を持って馬を乗りこなす武将の姿を表現しています。「わざわざ遠くまで来ていただくから」と用意された記念品や書置きのご朱印、そして、美しい境内に、もてなしの心を感じる気持ちのいいお寺です。

0790-48-2484
加西市尾崎町 288
拝観時間　書置きご朱印はあるが、拝観と直書きご朱印希望の場合は要事前連絡
拝観料　なし
駐車場　40 台（無料）
http://www.tamonjihp.jp/

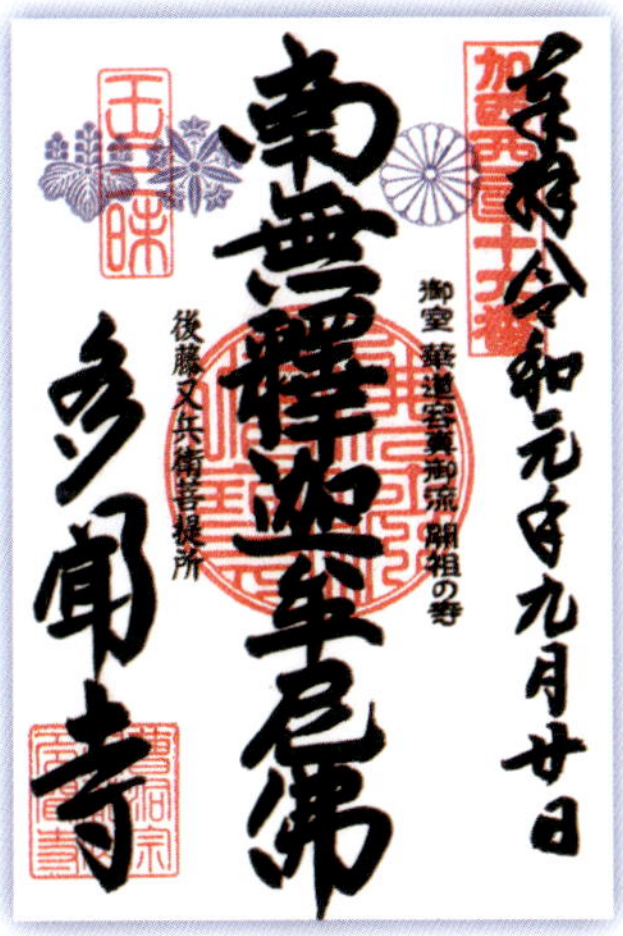

▲中央にご本尊の名前の墨書き、御所とのゆかりで菊の御紋、三宝印と寺印を押しています。300円

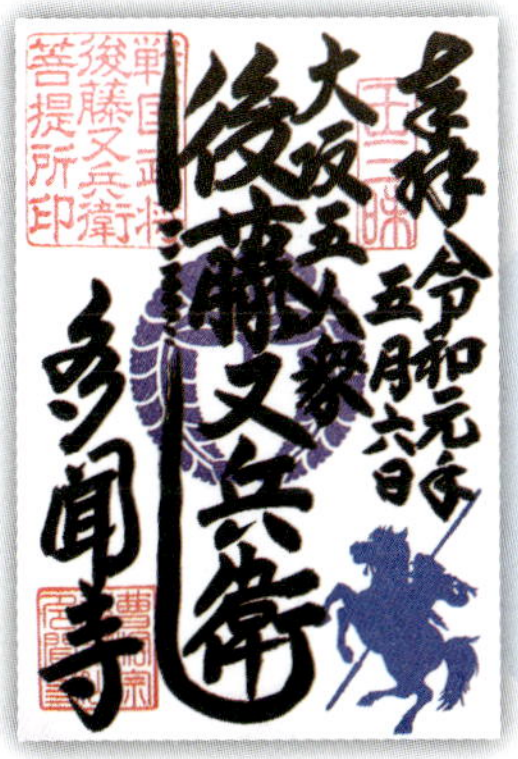

中央には、槍の名手である又兵衛を表現し、「大坂五人衆」の肩書、後藤家の家紋「下り藤」の印を押しています。300円

ご朱印帳（ご朱印・あて紙付）2,500円

手水鉢には浮かべられた美しい花びら

ご朱印直書きの記念品（夏はうちわ、冬はクリアファイル）

掃除が行き届いた境内。手水鉢には美しい花が浮かべられ、無限に広がる波のように「青海波」の砂紋が描かれている

又兵衛の遺徳をしのんで再現した等身大（180㎝）の甲冑と「槍の又兵衛」の槍

北条鉄道播磨下里駅より15分車／山陽自動車道加古川北ICより13分、中国自動車道加西ICより11分

mi・do・ko・ro

天井絵

本堂の天井に書かれた102枚の天井絵。美しい色彩で心を和ませてくれます。この中に5つの縁起のいい動物が隠れています。どんな動物が隠れているのかな？　お参りを済ませたら、ご朱印を待つ間に探してみましょう。

播磨

斑鳩寺《いかるがでら》

斑鳩寺伽藍の中で最古の建造物。三重だが五重を思わせる均整の取れた建物で、西播磨初の国指定重要文化財

聖徳太子ゆかりの寺
貴重な宝物も必見

開基は聖徳太子で、１４００年の歴史を持つ由緒正しい寺院です。６０６（推古天皇14）年、太子は推古天皇のため、３日かけて勝鬘經の話、法華経の話もされ、大変喜んだ天皇が差し上げたのが、法隆寺の荘園「鵤荘」。そこに一つの伽藍を建てたのが始まりです。昔は華麗を極めていましたが、１５４１（天文10）年、尼子政久氏の播磨侵入後の混乱で堂塔を焼失してしまいました。

清々しい雰囲気の境内には、存在感のある国指定重要文化財の三重塔がそびえ、講堂、聖徳殿と立派なお堂が並んでいます。必見は、聖徳殿のご本尊「植髪の太子」。太子16歳の尊像で、病気の父孝明天皇を見舞ったときの姿とされています。また宝物殿では、中央に大きく聖徳太子が描かれた「聖徳太子勝鬘経講讃図」のほか、国指定重要文化財の仏像を見ることができます。

079-276-0022
揖保郡太子町鵤 709
拝観時間　自由（納経所は 9:00 ～ 17:00）
拝観料　なし
（宝物殿・聖徳殿 500 円　※要予約）
駐車場　25 台（無料）
http://www.ikarugadera.jp

▲ご本尊の一体、如意輪観音を祀る殿堂を意味する「如意殿」の文字と、その梵字の宝印を押印。ほかに３種あり。各 300 円

西国四十九薬師霊場会の薬壺型の金紙特別朱印（～ 2021 年 12 月 31 日）。「大講堂」の文字と梵字の宝印を押印。500 円

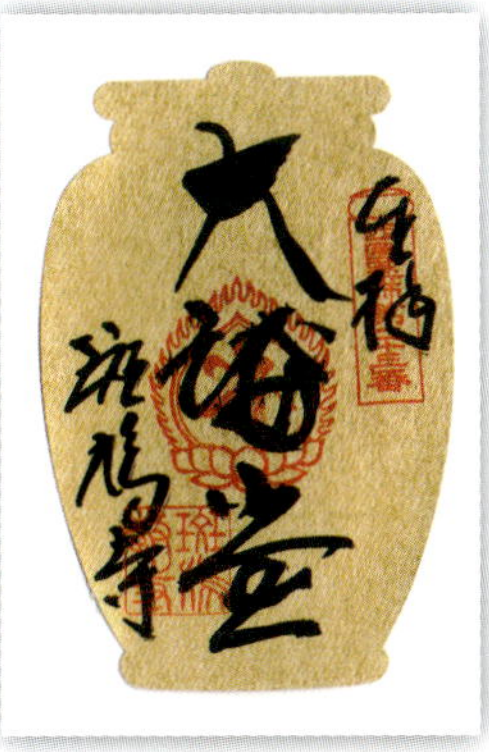

1765（明和 6）年に再建された講堂

太子像の本物の着物の一部が使われているお守。各 500 円

学業成就絵馬　500 円

縁結び絵馬　500 円

聖徳太子 16 歳の孝養像を安置する聖徳殿。後殿は法隆寺夢殿を模した八角円堂で、1916（大正 5）年の造営

一回回すと般若心経を一巻読んだのと同じ功徳がいただける摩尼車

カラフルでかわいいおみくじ 100 円

JR 網干駅より神姫バス山崎行きで鵤下車７分
車／山陽自動車道龍野 IC より 10 分、太子たつのバイパス福田ランプより 4 分

mi・do・ko・ro

宝物殿

薬師如来を中心に、脇には国指定重要文化財に指定されている日光・月光両菩薩、さらにその外には、仏教界の守護神8体の十二神将がずらりと並んでいて圧巻です。頼りになりそうなポーズにパワーをもらえそうです。

社殿の周りの絵馬型絵巻「忠臣蔵ものがたり」を読むと「忠臣蔵」の話がよくわかる

播磨

赤穂大石神社《あこうおおいしじんじゃ》

大願成就した四十七士 忠臣蔵の聖地で祈願

ご祭神は大石内蔵助良雄以下四十七義士命と中折の烈士・萱野三平命を主神とし、浅野家三代城主とその後の藩主森家七武将を祀っています。1701（元禄14）年、江戸城中松の廊下で、浅野内匠頭長矩が吉良上野介義央に刃傷に及び、その1年10ヵ月後、家臣の内蔵助ら四十七士が主君の恨みを晴らしたという余りにも有名な「忠臣蔵」。ここはその聖地たる神社です。

東側に討ち入りの表門隊23人、西側には裏門隊24人の石像が並ぶ表参道。義士宝物殿には、内蔵助が討ち入りに使った采配や呼子鳥笛といった遺品を展示。義士木像奉安殿には、平櫛田中ら当代超一流の木彫家49人による木像があり必見です。内蔵助・りく夫婦や子どもたちが過ごした庭園や、主君刃傷切腹の凶報を告げる早かごがくぐった長屋門は、当時のまま残っています。

0791-42-2054
赤穂市上仮屋 131-7（旧城内）
参拝時間　8:30 ～ 17:00
参拝料　なし（大石神社義士史料館は450 円）
駐車場　100 台（無料）
http://www.ako-ooishijinjya.or.jp/

▲本懐を遂げた義士にあやかり右上には「大願成就」の金印。中央に神社名と大石家の家紋・右二ツ巴の朱印。300 円

赤穂義士祭限定ご朱印、浅野家と大石家の家紋入り。300 円。見開きタイプもあり（→ p.123）

オリジナルのご朱印帳。討ち入りの場面の浮世絵をモチーフにしている。1,200 円

大石主税（ちから）にあやかる「力守」　各 600 円

武芸・勝負事に勝つ「勝守」　各 600 円

大願成就絵馬　800 円

子宝陰陽石。陽石（男性）と陰石（女性）とその真ん中にある子石をなでると夫婦和合、子孫繁栄にご利益がある

内蔵助が祖父、父と 3 代暮らした屋敷の長屋門は当時からそのまま残る国史跡

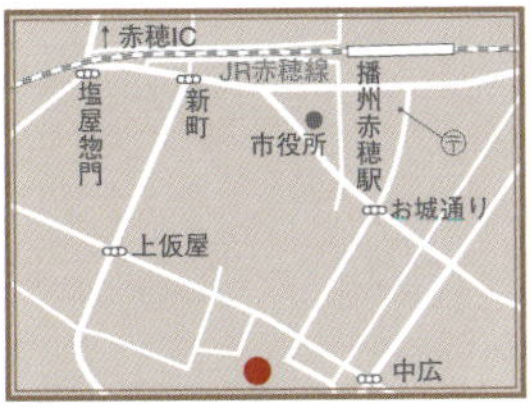

JR 播州赤穂駅より 17 分
車／山陽自動車道赤穂 IC より 9 分

mi・do・ko・ro

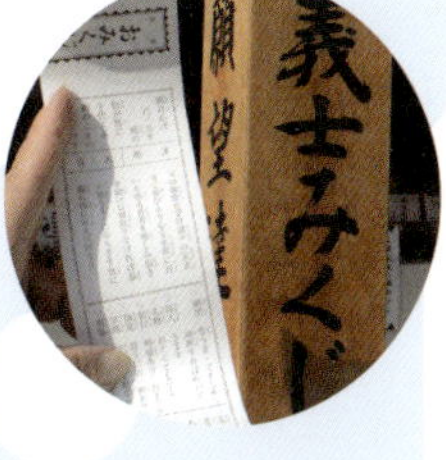

\ 義士みくじ /

赤穂四十七士と浅野内匠頭、吉良上野介、自刃した萱野三平も加え、全50番まである義士みくじ。運勢はもちろん、義士の名前とその横顔が紹介されています。第一番は大石内蔵助良雄で、もちろん「大吉」です。100円

海神社《わたつみじんじゃ》（かいじんじゃ）

ご祭神の綿津見三神は総称して綿津見大神ともいう

このご朱印帳！

神社の女性スタッフがデザインした、船渡御祭の御座船をあしらったご朱印帳。菊に波紋の神紋も入っています。1,500円（ご朱印込）

海上安全・豊漁・安産も「うみ」にご利益がある神社

今から1800年前、神功皇后が三韓からの帰路に、暴風雨のため御座船を進められなくなりました。自ら綿津見《わたつみ》三神を祀って祈願したところ、すぐに風波がおさまり、都に帰還することができました。三神を祀った御社を建てたのが始まりで、航海安全・漁業繁栄・交通安全の神として崇められています。また、「海」と「産み」をかけて、安産の神としても有名です。

海上自衛隊や保安部、船舶関係など、海に関わる仕事に従事している人のお参りが多いそうです。

▶中央に神社名の文字、菊に波紋の神紋と神社名の角印、左下に神社名の角印が押されています。300円

海上安全お守
700円

安産お守
700円

病気平癒お守
1,000円

貝守　500円

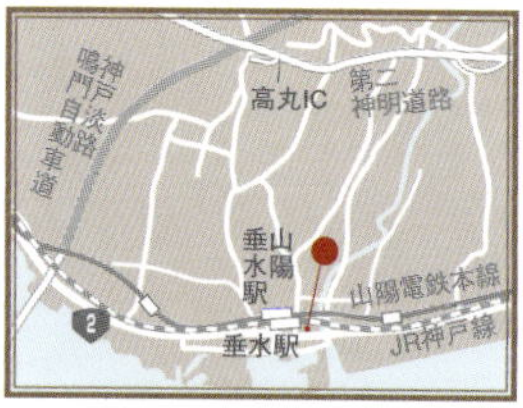

JR・山陽電鉄垂水駅よりすぐ
車／第二神明道路高丸ICより9分

全国的にも珍しい子持ちの狛犬

078-707-0188
神戸市垂水区宮本町5-1
参拝時間　6:00～17:00（6～8月は5:00～、社務所は9:00～16:00）
参拝料　なし
駐車場　50台（無料）
http://kaijinjya.main.jp/

播磨

水尾神社《みおじんじゃ》

千姫天満宮《せんひめてんまんぐう》

男山八幡宮《おとこやまはちまんぐう》

◀鳴龍の宮にちなんで、龍の柄の和紙に神社名の文字、２つの神紋の朱印が押されています。３００円

ピンクの和紙に、徳川家から嫁いだ千姫にちなんで三つ葉葵、天満宮の神紋と神社名の角印が押されています。３００円

姫路城と男山のイラスト入りの和紙に、神社名の文字と角印、「国宝姫路城展望絶景地」の文字と朱印が押されています。３００円

播州男山に鎮座する 姫路城ゆかりの３つのお宮

海抜56ｍの男山にある3社。麓にあるのが「水尾神社」で、姫路城下13町の氏神社です。元々、伊和大神を祀っていましたが、５６５年から大巳貴命を祀っています。中腹にあるのが「千姫天満宮」。１６２３（元和９）年、千姫によって建てられた神社です。山の頂上にあるのが「男山八幡宮」。１３４５年、石清水男山八幡宮から勧請され、１７１６年当時の城主が姫路城の守護神として新社殿を寄進したのが始まりです。３社のご朱印は書置きですがいずれも個性的です。

上から
水尾神社
千姫天満宮
男山八幡宮

千姫紅白梅
えんむすび
守 600円

水尾神社
鳴龍お守
600円

忠刻と千姫の連歌が
書かれた縁結び羽子
板絵馬 800円

男山開運厄除お守 600円
男山方除守 600円
男山交通安全 600円

このご朱印！

079-291-1550
姫路市山野井町 1-3
参拝時間 自由（ご朱印は 10:00 ～ 16:30）
参拝料 なし
駐車場 20 台（無料）

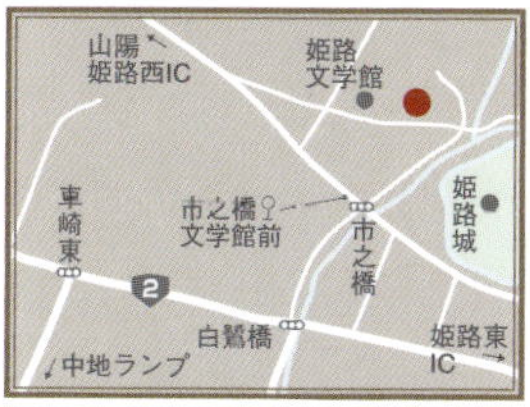

JR・山陽姫路駅より神姫バスで「市之橋文学館前」下車 4 分
車／姫路バイパス中地ランプより 12 分、山陽自動車道姫路東・姫路西 IC より 17 ～ 19 分

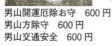

◀カントコトロ
700円

カントコトロ 食べる

Near 海神社

マンションの6階にあり、一面の窓から明石海峡大橋が一望できる。真っ白のテーブルや椅子、天井から下がる雲の形の照明など、ファンタジーの世界がひろがる空間だ。人気メニューは、雲のような綿菓子がのったコットンキャンディーソーダ「カントコトロ」。マスターが淹れるサイフォンコーヒーもおいしい。

住：神戸市垂水区東舞子町18-22
電：078-955-3021
営：11:00～23:00（ランチ11:00～14:30、平日モーニング9:00～11:00） **休**：月曜
P：3台
アクセス：JR舞子駅、山陽電鉄舞子公園駅より5分
車／国道2号舞子公園東交差点より北へ300m

天然滋味《てんねんじみ》 KAゑMON《かえもん》 納屋カフェ《なやかふぇ》 買う 食べる

Near 浄土寺

住：小野市黍田町890
電：0794-63-3359
営：12:00～18:00（売り切れ次第終了）
休：木曜
P：7台
アクセス：山陽自動車道三木小野ICより12分

無農薬無肥料の自然農法で農業をいそしむ店主が、その農作物を素材に作ったメニューが人気のカフェ。自然栽培小麦の焼菓子は、噛めば噛むほど甘みが増す。お菓子に合うコーヒーは、畑の場所まで指定したスペシャルティーコーヒーのみを扱う。自宅の納屋を改装したとは思えない店内もゆっくりくつろげる。

▲玄米タルト270円とオリジナルコーヒー420円

房　舎《ぼうしゃ》 食べる

Near 浄土寺　播州清水寺

和モダンな雰囲気の古民家レストラン。昼は創作イタリアン、夜は地鶏料理が食べられるという形態もユニークだ。サラダや前菜が付く「パスタランチ」（2,000円）は、メインのパスタを3種からセレクトできる。古民家のよさをいかした店内はもちろん、選び抜かれた食器や小物類もおしゃれだ。

▲パスタランチの前菜

住：加東市窪田261-1
電：0795-42-1133
営：11:30～14:00（13:30LO）、金～日曜17:30～22:00（21:00LO）
※ランチは火～土曜（第2木曜は休み）、ディナーは火～木曜5名以上の完全予約制 **休**：月曜（ランチは第2・4木曜、日曜） **P**：6台
アクセス：中国自動車道滝野社ICより3分

Cafe Charm《かふぇちゃーむ》

食べる

Near 鶴林寺

▲チャームランチ 1,280 円（税別）

丹波市の契約農家から仕入れた無農薬栽培のお米や平飼い鶏の卵など、良質な食材を使って作る料理が自慢のカフェ。丹波ポーク、播州百日鶏をメインにした週替わりのランチが人気。一杯ずつ丁寧にハンドドリップで淹れるコーヒーや手作りケーキも提供している。

住：加古川市加古川町北在家 454-2　2F
電：079-427-5004
営：11:00 ～ 17:00（月～土曜、木～土曜はディナーあり 18：00 ～ 21：00）
休：日曜　**P**：4 台
アクセス：鶴林寺と同じ

まどいせん

食べる

Near 高砂神社　生石神社　鹿嶋神社

▲プレーンシフォン 450 円と珈琲 450 円

築 80 年を超える古民家をリノベートしたカフェ。人気はプレーン、紅茶など 3 種類あるシフォンケーキと夏期限定で自家製シロップがおいしいかき氷。ほっと落ち着く、雰囲気のある店内では、レザークラフト作家である店主による教室が開かれるほか、レザー小物、trill の布小物、ソックモンキーなどの雑貨も販売している。

住：高砂市高砂町魚町 545
電：070-5654-2987　**営**：11:00 ～ 16:00
休：水～金曜　**P**：4 台
アクセス：山陽電鉄高砂駅より 13 分
HP：https://www.facebook.com/madoisen/

松右衛門帆本店《まつえもんほほんてん》　株式会社御影屋《かぶしきがいしゃみかげや》

Near 高砂神社　生石神社　鹿嶋神社

▲クラッチバック、ハンドバックなどアイテムは豊富

播州高砂の御影屋（工楽）松右衛門が発明した日本初の帆布を、2010 年見事に復元したのが現代の御影屋。極太糸を使って、縦糸と横糸の太さが違う織機で織り上げる帆布は、丈夫なのはもちろん、独特の風合いがある。2 階のショップでは、男性からはボディバッグ、女性からはトートバッグが人気だ。1 階の工房は見学可。

住：高砂市高砂町今津町 510
電：079-440-9031
営：10:00 ～ 17:00
休：なし（年末年始を除く）
P：あり
アクセス：山陽電鉄高砂駅より 15 分
HP：https://www.matsuemon-ho.com/

買う　見る

灘菊酒造《なだぎくしゅぞう》

買う　食べる　見る

Near　播磨国総社　廣峯神社　圓教寺　水尾神社

明治43年創業。約3000坪の敷地内に、創業当時からの木造酒蔵が残り自由に見学できる。兵庫産の「山田錦」「兵庫夢錦」を厳選し、500kgの小造りで丁寧に醸すのがこだわり。平成16年からは、西日本初の女性南部杜氏として、蔵元三女の川石光佐さんが手がける。敷地内には2件の飲食施設があり日本酒に合う料理を提供する。売店では、すべての酒の試飲ができ、甘酒、塩こうじ、もろみみそ、化粧品までそろう。

▲売店では、すべての酒の試飲ができる

◀黒甘（くろかん）ソフト380円

住：姫路市手柄1-121
電：079-285-3111
営：0:00～18:00、食事処は11:30～14:00（13:30LO）、17:00～21:00（19:30LO）
休：なし、食事処は火・日曜の夜
P：20台
HP：http://www.nadagiku.co.jp/
アクセス：山陽電鉄手柄駅より6分
車/姫路バイパス姫路南ランプより2分

かまぼこ工房《かまぼここうぼう》 夢鮮館《ゆめせんかん》

Near　播磨国総社　廣峯神社　圓教寺　水尾神社

広大なヤマサ蒲鉾工場の敷地内にあるアンテナショップ。工場直送のかまぼこ製品や揚げたての天ぷら、名物チーかまドッグが購入できる直売店、最新設備を導入した製造工場の見学、蒲鉾やちくわ作りが体験できる教室や足湯、カフェなどもありゆったり過ごせる。

買う　食べる　見る

住：姫路市夢前町置本327-16 ヤマサ蒲鉾本社敷地内
電：079-335-4800　**営**：9:00～17:00　**休**：なし
P：60台　**HP**：http://www.e-yamasa.com/
アクセス：山陽自動車道姫路西ICより20分

夢乃《ゆめの》そば

買う　食べる

Near　播磨国総社　廣峯神社　圓教寺　水尾神社

かき揚げそば
840円▶

清流・夢前川のほとりにある施設。3棟からなる木造平屋建ての趣ある建物で、ゆめ蕎麦・丼ものがおいしい蕎麦処「夢乃蕎麦」や地元の新鮮野菜や播州銘菓、全国からセレクトした食品やおしゃれな雑貨が並ぶ売店がある。

住：姫路市夢前町置本583　**電**：079-335-1188
営：9:00～17:00（夢乃蕎麦は11:00～16:00）
休：なし　**P**：60台　**HP**：http://yumenosoba.com/
アクセス：山陽自動車道姫路西ICより20分

鈴吉屋《すずきや》 買う

Near 赤穂大石神社

播磨灘でとれた牡蠣やちりめん、いかなごなどの佃煮と干しエビ、煮干しなどの乾物がメイン商品。そのほか、赤穂の塩や塩味饅頭、赤穂の地酒【忠臣蔵】【乙女】など、選りすぐりの赤穂の特産物を販売する。

◀牡蠣の佃煮５００円～

住：赤穂市加里屋 2200
電：0791-45-3025　**営**：9:30 ～ 17:00
休：火曜（祝日は営業）　**P**：なし（加里屋駐車場を利用）
アクセス：JR 播州赤穂駅より５分
車／山陽自動車道赤穂 IC より 10 分

手打うどん 大黒《てうちうどんだいこく》 食べる

Near 斑鳩寺

昔ながらの関西風手打ちうどんと、ボリュームある定食メニューが人気の店。名物は、地元太子町産の太子みそを使った「太子みそ煮込みうどん」（935 円）は、コシのあるうどんと濃厚な太子みそとスープがなじんでおいしい。

◀にぎり寿司セット（4 個）858 円

住：揖保郡太子町鵤 1320　**電**：079-276-6729
営：11:00 ～ 15:00、17:00 ～ 21:00
休：水曜（祝日は営業、翌日休）**P**：50 台（共用駐車場）
アクセス：車／太子たつのバイパス福田ランプより５分

加里屋旅館 Q《かりやりょかんきゅー》 食べる 泊まる

Near 赤穂大石神社

歴代赤穂藩主の菩提寺であり、赤穂四十七士が眠る「花岳寺」の南隣にある新しいコンセプトの宿。赤穂御崎の温泉旅館「祥吉」の姉妹館で、築 120 ～ 130 年の町家をリノベートした建物で、明治・大正時代の面影が５つの部屋や調度品などにも色濃く残る。宿泊者用のレストラン「GOKAN」は、宿の雰囲気そのままに洗練された和モダンな空間で、カフェとして利用できる。

▼趣の異なる５部屋がある

▼コーヒーセット 500 円

住：赤穂市加里屋 1996　**電**：0791-56-5488
営：カフェ 11:00 ～ 17:00
休：祥吉の休みに準ずる
料金：1 泊朝食付き 9,000 円～　**P**：5 台
アクセス：JR 播州赤穂駅より６分
車／山陽自動車道赤穂 IC より 10 分

丹波

白毫寺《びゃくごうじ》

回向本堂。山門内の石庭には、セッコクやツツジ、百日紅、スイレン、ハスなど四季の花々が次々と咲き誇る

たおやかな庭園が心癒す九尺藤で有名な古刹

７０５（慶雲2）年、法道仙人が開基した寺。本尊は、天竺から伝えられたという薬師瑠璃光如来（秘仏）です。鎌倉時代から南北朝時代には隆興を極め、丹波屈指の名刹と謳われました。天正年間の織田信長による丹波攻略に伴い、明智光秀率いる軍勢の兵火で焼失しました。本堂前に「心」の字をかたどった放生池があり、中央にかかる半月形の太鼓橋が風雅を極めています。

四季折々の花が美しい寺ですが、なかでも九尺藤と名付けられた藤の花が有名です。総本堂の薬師堂、その裏手の熊野権現社など、広い境内をゆっくり巡ると心休まるひとときを過ごせます。回向本堂の右手には、兵庫県の名庭１００選にも選ばれた安土桃山時代の作とされる「陰陽の庭」があり、この庭のセッコクは一見の価値があります。仏教の守護神とされる孔雀が山門脇で参拝者を出迎えます。

0795-85-0259
丹波市市島町百毫寺 709
拝観時間　8:00 ～ 17:00
拝観料　300 円
駐車場　250 台（無料）
http://www.byakugouji.jp/

▲中央に本尊・薬師瑠璃光如来の別名「医王尊」の文字とその梵字の宝印が押されています。300円

九尺藤のオリジナルご朱印帳
(ピンク・黒)
1,500円(大)、
1,200円(小)

お守
各800円

毒蛇をも食べることから仏教の守護神とされる孔雀が、時折、見事な羽根を広げる

クリアファイル
1枚300円(異なる4枚で1,000円)

線香
藤花香(左)1,500円、
麗華香(小)2,000円

太鼓橋の手前が俗世界で反対側は仏たちの覚りの世界を表し、急勾配は、悟りへの道のりの厳しさを表現している

総本堂の「薬師堂」。本尊は、人々の様々な悩みや苦しみを救う薬師瑠璃光如来(秘仏)

JR市島駅よりタクシーで8分
車/舞鶴若狭自動車道春日ICより13分

mi・do・ko・ro

九尺藤

120mの藤棚いっぱいに巨大な紫のベールとなって咲き誇ります。毎年5月初旬から中旬までの「九尺藤まつり」には、日本全国や外国から約4万人の参拝客が訪れ、まつり期間中は、ライトアップなどの催しもあります。

丹波

柏原八幡宮《かいばらはちまんぐう》

本殿は三間社流造、拝殿は入母屋造の両殿が接続した複合社殿で、重要文化財に指定されている

四季折々の自然が美しい丹波柏原の厄神さん

舒明天皇の時代（６２９～６４１）に出雲連がこのお宮がある入船山に素戔嗚尊《すさのおのみこと》を奉祀したのが創始と伝わっています。その後、１０２４（萬寿元）年に入船山周辺の３カ所から霊泉が湧き、後一条天皇の勅意により国家鎮護の社として京都の石清水八幡宮より分霊を勧請し、丹波国「柏原別宮」として創建されました。

厄除けのご利益が高く、毎年２月17日、18日に行われる厄除大祭は「丹波柏原の厄神さん」と親しまれ、全国各地より多くの参拝者で賑わいます。17日深夜に執り行われる「青山祭壇の儀」は日本最古の厄除神事で見ものです。

ご朱印は、八幡宮の神の使いとされる鳩をモチーフにしたもの。４色そろうオリジナルのご朱印帳にも、本殿や三重塔とともに鳩が描かれています。鳩の顔を自由に描くことのできる「鳩顔絵馬」もあって、縁起物にも心和みます。

0795-72-0156
丹波市柏原町柏原 3625
参拝時間　自由（社務所は 9:00 ～ 16:00）
参拝料　なし
駐車場　40 台（無料）
http://www.kaibarahachiman.jp/

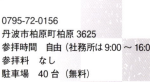

▲右肩に左三つ巴の神紋、中心に神社名の朱印が押されています。八幡宮の「八」の字は、鳩をモチーフにしています。300円

えんむすび御守　各500円

鳩顔絵馬 500円

ご朱印帳（4色）　各1,500円

願い事を書いて裏のポケットに入れる「願い叶う御守」500円

「厄」の字を厄落とし箱に入れる「厄落とし絵馬」500円

兵庫県指定重要文化財に指定されている三重塔と釣鐘が現存。神仏習合当時の景観が残る全国でも極めて珍しい例

現存の三重塔は江戸時代後期1815（文化12）年に彫刻師中井権治が中心となって再建。随所にある遊び心が楽しい

JR 柏原駅より5分
車／舞鶴若狭自動車道春日IC・丹南篠山口ICより各15分、北近畿豊岡自動車道氷上ICより10分

mi・do・ko・ro

厄除開運・難逃れの釣鐘

願いを込めて心静かに3回鳴らすと、難を逃れて福を授かるといわれています。この銅鐘には康応と天文の2つの年号が刻まれており、天正年間に豊臣秀吉が郡内の鐘を集めた際、特に優れていたため改めて寄進したものです。

間口二間半、奥行一間半余り、四方に廻縁がある大宮ツマ造りの本殿と拝殿

丹波

高座神社《たかくらじんじゃ》

季節ごとの御朱印が魅力　子宝に恵まれる「蟻の宮」

今から約1800年前に、仲哀天皇がお参りした古社。この地の村民が流行病で難渋しているのを心配され、中国地方への行幸の途中に「病気平癒」を祈願し、名前を「高座」と名付けたそうです。

その昔、村人が干ばつの雨乞いの祈願の七日目に、社殿から這い出た大きな蟻の列をたどり、窪みを掘り返してみると清水がコンコンと湧き出てきたことから、別名「蟻の宮」とも呼ばれています。

2019年改元を機に、通常のご朱印に加えて季節ごとのご朱印を授与することになりました。デザインは丹波市内の女子高生によるもの。伝統を意識しつつ華やかなデザインが好評を得ています。元のご朱印をそのまま生かしながら、「蟻の宮」の伝承を参考に、水が流れる様子を下部に配し、上部には縁をイメージした組みひもを描いています。初詣や厄除祭限定のご朱印も授与する予定です。

0795-87-0124
丹波市青垣町東芦田 2283
参拝時間　10:00 ～ 16:30
（ご朱印は要事前連絡）
拝観料　なし
駐車場　30 台（無料）
http://arinomiya.com/

←春バージョン

↑夏バージョン

←秋バージョン
（右ページは
冬バージョン）

▲「高」の字にはシデ、「神」には水の渦巻き、「神社」で雨が降って大地に水が注がれることを表現した神社名。五七桐の神紋と神社名の朱印が押されています。各 300 円

丹波布の御守
各 1,000 円

御朱印帳帯　各 300 円

「蚕の宮」といわれる境内社の馬鳴神社。夢のお告げにてこの地域で、広く養蚕を営むようになったといういわれがある

3 匹の子どもを連れた、向かって左側の吽型の狛犬。どこに子どもがいるか探してみよう

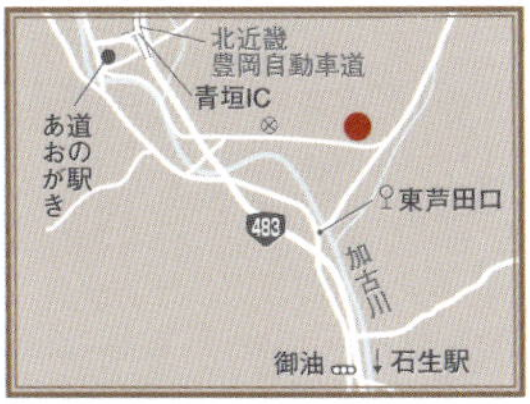

JR 石生駅より神姫グリーンバス「東芦田口」下車 10 分
車／北近畿豊岡自動車道青垣 IC より 5 分

mi・do・ko・ro

お札

「蚕の宮」にちなんで、蚕の絹糸が入った丹後和紙に、「高座大神」と彫られた江戸時代の木版を一枚ずつ手押ししたお札。福知山市内の工房による手作りならではの微妙な色と糸の出方が絶妙で4色そろえている。1枚700円

紅葉に彩られた秋の惣門。
参道は「紅葉のトンネル」のようで美しい

丹波

高源寺《こうげんじ》

鎌倉時代に開創された
紅葉が彩る丹波屈指の名刹

１３２５年に開創された臨済宗中峰派の本山。開山の遠谿祖雄《えんけいそゆう》禅師は若くして出家し、中国に渡りました。杭州の天目山で修行をして悟りを開き、帰国後、天目山に似た佐治郷小倉に堂宇を創建。１３２６年に高源寺の号を賜り、勅願寺として全国に末寺を持つ大本山となりました。のちに明智光秀の丹波攻めで建物のほとんどを焼失しますが、１７９９年、弘巌玄猊《こうがんげんげい》禅師により再建されました。

初夏の新緑、秋の紅葉、冬の雪景色など、四季折々に自然美が彩る高源寺。特に紅葉の名所として知られ、境内のカエデの多くは、遠谿祖雄禅師が中国・天目山から持ち帰った天目カエデです。天目山は山奥にある岩山で、高源寺を囲む景色によく似ているそうです。11月には丹波市の10カ寺をめぐる「丹波もみじめぐり」を実施。ＨＰで紅葉状況をチェックして、丹波のお寺で秋の絶景を堪能してください。

0795-87-5081
丹波市青垣町桧倉 514
拝観時間　8:00 ～ 17:00
拝観料　300 円
駐車場　100 台（無料）
http://kougenji-tanba.or.jp/

▲天皇家ゆかりの菊の紋とお釈迦様の宝印が押され、「大いなる悟り」を意味する「大覚殿」と書かれています。300円

紅葉の押し花を和紙でコーティングしたオリジナルのご朱印帳は一つひとつ手作り。2,200円

紅葉の葉で染色した「丹波布御守」800円

「丹波もみじめぐり」のご朱印（11月限定）。300円

陶器製の「お願い地蔵」500円

第四番札所の「関西花の寺二十五カ所霊場会」ご朱印帳

色とりどりの散華
1セット800円

ご本尊の釈迦如来座像が祀られている仏殿

経典が収められている多宝塔（三重塔）。正面には毘沙門天が祀られている

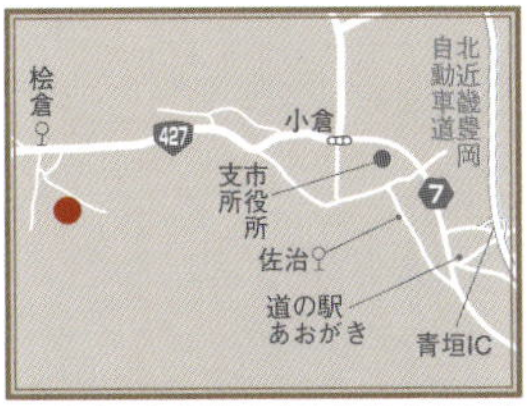

JR福知山線柏原駅より神姫グリーンバス佐治行きで佐治車庫前下車、タクシーで10分
車／北近畿豊岡自動車道青垣ICより10分

mi・do・ko・ro

天目《てんもく》カエデ

中国・杭州の天目山は、山の上に天を見る目のような池が二つあったことからその名が付いたそうです。高源寺のカエデは、遠谿祖雄禅師が持ち帰った天目カエデ。小さくて切れ目の深い葉で、枝が垂れ下がるのが特徴です。

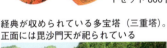

一の鳥居からゆるやかな石段を200段ほど上がったところに稲荷本殿がある

丹波

王地山まけきらい稲荷《おうじやままけきらいいなり》

大勝利の伝説が残る王地山に鎮座するお稲荷さん

　文政年間、篠山藩主の青山忠裕公が江戸幕府の老中だったころ、将軍御上覧大相撲が毎年開催されていました。篠山藩の力士は負けてばかりでしたが、ある年、王地山平左衛門らの力士が、すべて勝ち星をおさめました。忠裕公は大喜びで力士たちを探しますが、篠山藩から力士を差し向けていないことがわかります。調べたところ力士の四股名がすべて御領内のお稲荷さんの名前で、それを知った忠裕公がそれぞれの稲荷に幟や絵馬を奉納したことが「まけきらい稲荷」の起こりです。

　現在の王地山公園に隣接する山の西側に、鎮守である王地山稲荷の本殿・中殿・拝殿などのほか、石の俵の上に「まけきらい稲荷」が祀られた石社があります。日蓮宗の本経寺が本院で、奥の院として祀られた王地山の稲荷が、「勝利の神様」として広く信仰されています。

079-552-0655
丹波篠山市河原町92
参拝時間　自由
（社務所は9:00～16:00）
参拝料　なし
駐車場　10台（無料）
http://www.makekirai.com/

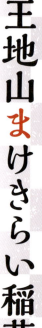

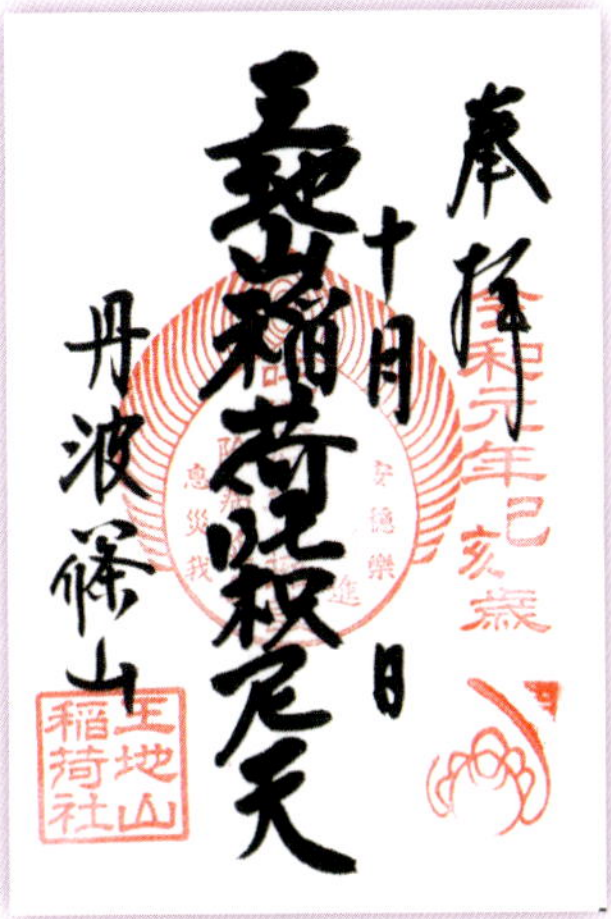

▲中央にご本尊名が書かれ、お経の言葉を表す印が押されています。300円

稲荷本殿に飾られている王地山平左衛門勝利大相撲の由来

海上安全・開運隆昌のご利益がある「妙見堂」

願掛け鳥居 2,000 円

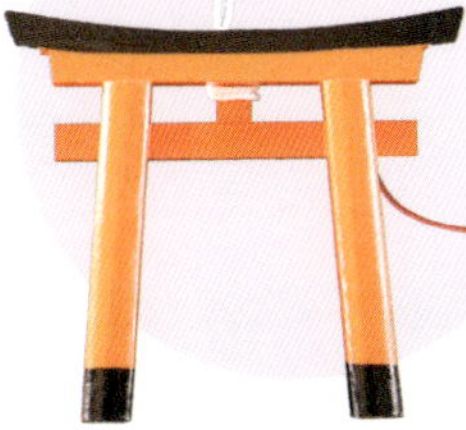

まけきらい絵馬 1,000 円

桧皮葺きの上に銅板を葺いた王地山稲荷本殿・中殿・拝殿

勝利守護・開運大勝利のご利益がある「まけきらい平左衛門稲荷社」

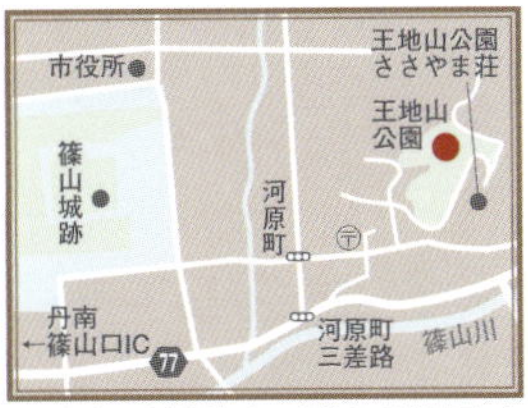

JR 福知山線篠山口駅より神姫バス篠山営業所行きで 25 分、立町下車 3 分

車／舞鶴若狭自動車道丹南篠山口 IC より約 10 分

mi・do・ko・ro

平吉稲荷社

第19世日苗上人が境内に出てくる狐の世話をしていましたが、頭を寺方丈に向けて亡くなっているのをみつけ、動物も恩を忘れないことに感心して石段参道中ほどに設けた祠。足や腰の痛みを和らげてくれるご利益があります。

室町時代初期に建てられた、唐様と和様の折衷様式の本堂。国指定重要文化財

丹波

大國寺《だいこくじ》

大もみじの紅葉が見事
厄落としのご利益大の寺

大化年間（飛鳥時代）、空鉢仙人が国家安泰を祈願して自作の薬師如来像を安置し、開創したと伝えられています。正和の頃（鎌倉時代末期）、花園天皇のご帰依により本堂を再建し「安泰山大國寺」の称号を賜りました。本堂は唐様と和様の折衷で、当時の最新技法だったそうです。その後、広く地元住民に親しまれ崇敬されてきました。1967（昭和42）年、兵庫県観光百選に指定されました。

丹波篠山もみじ三山の一つに数えられ、本堂と大もみじとのコラボレーションがすばらしく、カメラ愛好者からも人気です。本堂に並ぶ五体の仏像は、いずれも国指定の重要文化財に指定され、迫力抜群です。

コスプレの聖地としても有名なこのお寺、昼だけでなく夜のライトアップにも対応しており、もみじと本堂を背景に「コスプレ撮影」も可能です。詳しくはHPを参照。

079-594-0212
丹波篠山市味間奥 162
拝観時間　8:00 ～ 17:00（受付は～16:30）
本堂内陣拝観料　800 円（入山料 300 円含む）
駐車場　12 台（無料）
http://sasayama-daikokuji.com/

▲中央に本尊である「薬師如来」の文字、薬師・大日・阿弥陀の三如来の梵字入りの宝印を押印。もみじの朱印入り。300 円

猫のイラスト入りのもみじのご朱印帳
1,500 円

紅葉の台紙と猫ちゃんがかわいい 11 月限定朱印。300 円

目に見えない災いに悩んでいたら「魔険厄除御守」
1,000 円

いろんな縁結びのご利益がある「結の御守」600 円

安泰三尊緑鳳念珠（左・男性用、右・女性用）
各 5,000 円

セクハラ・パワハラも厄払い
仕事守　500 円

内陣の仏像 5 体（薬師・大日・阿弥陀如来、持国・増長天）は国の重要文化財に指定されている藤原時代の傑作だ

大黒天堂には 2 体の大黒様が祀られ、大黒天のご朱印もある（右ページ）

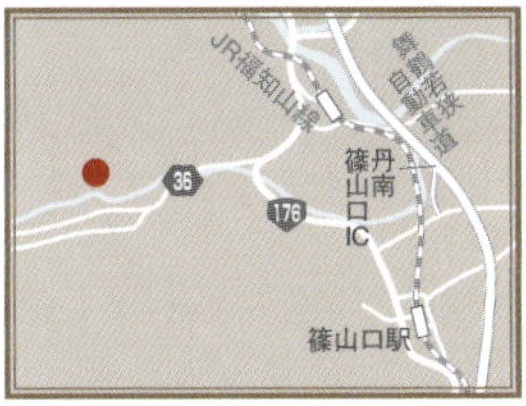

JR 篠山口駅よりタクシーで 5 分車／舞鶴若狭自動車道丹南篠山口 IC より 7 分

mi・do・ko・ro

看板猫

大國寺の看板猫「ココちゃん」（女子・7歳）。人懐こいキジトラです。尻尾が途中で曲がった「かぎしっぽ」の猫で、幸運をひっかけてきてくれるともいわれている、縁起のいい猫です。タイミングよく会えたらラッキーですね。

丹波

妙《みょうふくじ》福寺

◀篠山限定キャラご朱印。「開運」を表す「妙法」の文字と「不思議なことがある」という意味合いの朱印を押印。丹波篠山で有名なイノシシと法華経に縁深いハスの花がかわいくマッチング。500円

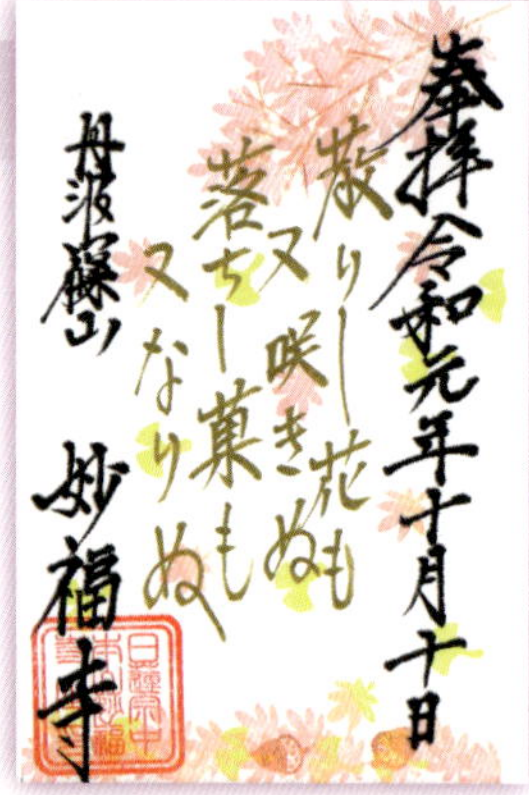

春夏秋冬で背景と言葉が変わる季節限定ご朱印（要予約）500円

カラフルご朱印がかわいい 篠山城下町を守るお寺

このご朱印！

1293～1302年の頃、摂津国島上郡に草創されていた一寺があり、天文年間の初めに、その寺を訪れた京都大本山本圀寺蓮光院十四世日助上人が、高祖日蓮大聖人の尊像に会い、荒廃していた寺を改めて、開基再建したのが始まりです。

こちらのお寺でいただけるのが、色鮮やかな丹波篠山限定ご朱印と季節限定のご朱印です。夏はアジサイやカエル、秋は紅葉など、四季折々の風物が描かれています。そのほか鬼子母尊神のものなど、功徳の強いご朱印もあります。

ずらりと並んで迫力ある三十番神像（永禄2年作）

願いが叶う平和の鐘

宗祖像、伝、日像作（室町時代作）

JR篠山口駅より神姫バス「西町」下車3分
車／舞鶴若狭自動車道丹南篠山口ICより10分

子安・子授け・良縁で有名な歴史400年の鬼子母尊神と大荒行願満の鬼形鬼子母尊神が祈祷御本尊

079-552-0292
丹波篠山市西町41
拝観時間　9:00～17:00
拝観料　なし
駐車場　20台（無料）
https://www.myofukuji.net/

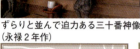

monoile《ものいれ》

買う　食べる　見る

Near　大國寺　妙福寺　まけきらい稲荷

今日のおやつプレート850円（税別）▲

大山保育園の園舎をリノベートして作ったお店。元遊戯室はカフェ、お昼寝部屋はギャラリーで、木のおもちゃ作家である店主のアトリエも併設している。カフェは、2種類のお食事プレートがある日、カフェメニュー中心の日があり、そのスケジュールはHPにアップする。幅広い年齢層から愛されるお店。

住：丹波篠山市大山新 78
電：079-506-2418　営：11:00 ～ 16:30LO
休：不定休、冬期休業あり　P：15 台
アクセス：舞鶴若狭自動車道丹南篠山口 IC より 9 分
HP：http://www.monoile.com/

一眞坊《いっしんぼう》

食べる

Near　大國寺　播州清水寺

▲もりそば（中）1,000 円、鴨ごはん

そばは、鋭利な包丁で前後に生地を引き切る独自の技法「裁ち切り」で、断面を滑らかにしているので、あたたかいだしの中でも伸びずにコシが残る。うまみたっぷりの「鴨南蛮」1,800 円と「鴨ごはん」500 円が名物。

住：丹波篠山市今田町釜屋 29-2　電：079-506-3956
営：11:00 ～ 14:00（LO）　休：月・金曜　P：6 台
アクセス：舞鶴若狭自動車道三田西 IC より 10 分
HP：http://www.eonet.ne.jp/~issinbou/

CASA DEL' AMICI《かざ でら あみーち》

食べる

Near　大國寺　妙福寺　まけきらい稲荷

顔が見える生産者から安全な食材を入手して、その情報とともにお客さんに提供する。季節によって味わいが変わる鹿肉、ローストや煮込みで旨みを引き出す猪肉など、この店ならではのジビエ料理も堪能できる（要予約）。

◀コースランチ 2,700 円の一部

住：丹波篠山市二階町 10-2　電：079-558-7950
営：ランチ 11:00 ～ 14:30（LO）、カフェ 14:30 ～ 16:00、ディナー 17:30 ～ 22:00（21:00LO）
休：火曜、不定休あり　P：なし
アクセス：舞鶴若狭自動車道丹南篠山口 IC より 9 分
HP：https://casa-del-amici.owst.jp/

futaba cafe《ふたばかふぇ》

食べる　買う

Near 大國寺　妙福寺　まけきらい稲荷

▲自家製スイーツはテイクアウトも可能

近隣のふたば農園でとれたお米、とれたての野菜やフルーツを使ってランチやスイーツを提供するカフェ。おすすめはブルーベリーなど旬のフルーツを使ったケーキやドリンクで、濃厚な果実の旨みを実感できる。3匹の看板山羊がまどろむ田園風景をながめながら、ゆっくりと時間を過ごせる。

住：丹波篠山市八上内甲 85-1　**電**：079-506-2418
営：11:00 ～ 18:00（17:30LO）　**休**：水・木曜　**P**：13 台
アクセス：舞鶴若狭自動車道丹南篠山口 IC より 9 分
HP：https://www.futabacafe.com/

ひとたね パン工房《ひとたね ぱんこうぼう》

買う

Near 高座神社　柏原八幡宮

▲ひとたね農園の野菜もたっぷり使う

国産小麦粉とニンジン、リンゴ、長芋、ごはんを使った自家製酵母で膨らませたパン生地は、もちもちの食感で噛めば噛むほど味わい深い。農業倉庫の一角にある工房には、常時約 15 アイテムが並ぶ。人気は、見た目もかわいいちぎりパンの「ぽこぽこ」200 円。「子どもに安心して食べさせられる」とファンも多い。

住：丹波市氷上町稲畑 1116　**電**：090-6203-1983
営：火・木・土曜 11:00 ～ 14:00（売り切れ次第終了）
休：月・水・金・日曜　**P**：4 台
アクセス：北近畿豊岡自動車道氷上 IC より 7 分
HP：https://www.facebook.com/hitotanepan/

KABURA《かぶら》

買う　体験

Near 柏原八幡宮

▲服飾品から小物雑貨までアイテムは豊富

丹波の綿を手で紡いで糸にして周辺の草木で染め、木綿と絹糸を交叉して織った「丹波布」と、昔から地元の人に使われてきた竹かごや和紙、焼き物などを展示販売する。お店では、丹波布の歴史や特徴を学べるだけでなく、糸紡ぎや染色、はたおりという丹波布の大切な工程の一部を体験できる。

住：丹波市柏原町柏原 46　**電**：0795-71-1683
営：10:00 ～ 15:30　**休**：火～木曜　**P**：なし
アクセス：JR 柏原駅より 3 分
HP：http://kabura-tambanuno.com/

三津屋《みつや》 妹尾《せのお》

食べる

Near 髙座神社

築130年の古民家を店主自ら改装したそば処。茨城・福井県産のそばは、鬼皮をむいた状態で買い付け、2台の石臼を使って自家製粉する。十割、二八、半量ずつの相乗りと、好みのそばをセレクトできるのがうれしい。

相乗りさば寿司セット 1,500円▶

住：丹波市青垣町田井縄 640 **電**：0795-87-2550
営：土日・祝日 11:00 ～ 15:00（14:30LO）
休：月～金曜（祝日を除く） **P**：30台
アクセス：北近畿豊岡自動車道青垣 IC より 5 分
HP：https://mituyasenoo.jimdo.com/

あずき工房《あずきこうぼう》 やなぎた《やなぎた》

買う 食べる

Near 柏原八幡宮　白毫寺

◀昼定食 2,000円

▲ぜんざい 700円

在来種で貴重な品種の丹波大納言小豆「黒さや」を試行錯誤しながら地域で復活させた。大切に育てた小豆と自家菜園の野菜、山野草などを使った「昼定食」（3日前までに要予約）は、素朴で体にやさしい一品の数々が一つのお膳に並ぶ。

住：丹波市春日町東中 1425 **電**：0795-75-1249
営：土日・祝日 10:00 ～ 16:00、平日は完全予約制
休：不定休 **P**：8台
アクセス：舞鶴若狭自動車道春日 IC より 7 分

LOCASSE《ろかっせ》 TAMBA《たんば》

食べる 買う

Near 柏原八幡宮　白毫寺

丹波の食文化や伝統を発信する新拠点施設として2019年4月にオープン。直営の「ロカッセカフェ」のほかに、イタリアン、ベーカリー、不定期に店主が変わるチャレンジショップが出店する2基のコンテナを備える。各店とも新鮮な地元丹波産の野菜や旬の食材を多用し、常に安全で安心できるおいしい料理を提供する。

▲丹波アルベロのピッツァ

▲ヤマネベーカリーのパン

▶ロカッセのバーガー

住：丹波市春日町柚津 67-1
電／営：0795- 75-1122・10:00 ～ 18:00（ロカッセカフェ）、0795-81-4011・11:00 ～ 18:00（丹波アルベロ）、0795-81-4088・8:00 ～ 17:00（ヤマネベーカリー）
休：第1・3火曜（ベーカリーは火・水曜） **P**：23台
アクセス：舞鶴若狭自動車道春日 IC より 7 分
HP：https://locasse-tamba.com/

但馬

赤堂観音《あかどうかんのん》 蓮華寺《れんげじ》

非公開の赤堂の階上には秘仏聖観世音菩薩を中心に
百一尊の諸観音を配置している

アートなご朱印がすてき
立身出世と良縁が叶うご利益

「赤堂観音」として知られる真言宗の寺。弘仁年間（810〜824）に弘法大師が開基したと伝わっています。戦国時代、築城の名手・藤堂高虎がこの地を治めていた時の居館跡に移築されました。この地から高虎が日本一の大名へと出世がはじまり、妻をめとったことから、立身出世と良縁を祈願に訪れる参拝者も多いそうです。

赤堂（非公開）の階上には秘仏聖観世音菩薩を中心に、西国三十三所観音、まれなる三十三身観音など諸観音を祀っています。

ご住職は、寺宝をモチーフにして芸術性の高いご朱印を次々とデザインして、今や約100種類に。お正月や立春などの行事に合わせたものなど多種多彩です。真言密教の世界観を見開きタイプの用紙のなかに表現していきます。

今回紹介の5種類は、曼荼羅をモチーフにしたもので、本書読者限定でいただくことができます。

079-669-0147
養父市大屋町夏梅 682
拝観時間　9:00 〜 16:00（※ご朱印は予約が確実）
拝観料　なし
駐車場　25 〜 30 台（無料）
http://rengeji-akadoukannon.com/

▲朱色で曼荼羅の模様がベース。中央に、真言宗の金剛界所立の秘法を表す「五秘密」の金文字が書かれています。1,000円

但馬七福神では恵比須さんを祀っている

色鮮やかな紙に少しずつ違う曼荼羅の模様がベース。中央に弥勒菩薩の梵字と但馬国西谷山蓮華寺の角印、左には但州大屋富士 蓮華寺の文字と三宝印が押されています。各1,000円

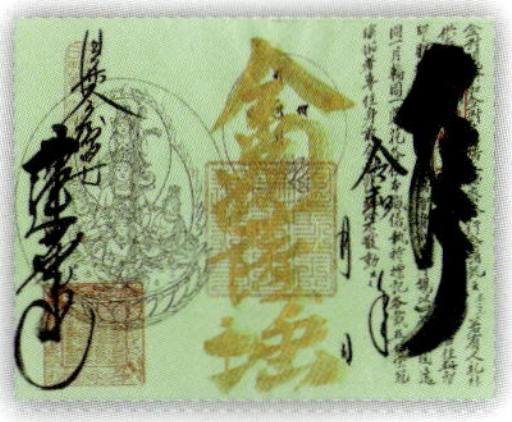

緑で曼荼羅ベース。中央に「金剛薩埵」の金文字が書かれています。1,000円

本堂。2021年は「弥勒菩薩開眼300回忌」にあたり、ご本尊の一般公開を行う

室町時代作庭と伝わる阿字池を中心にした古庭園も必見

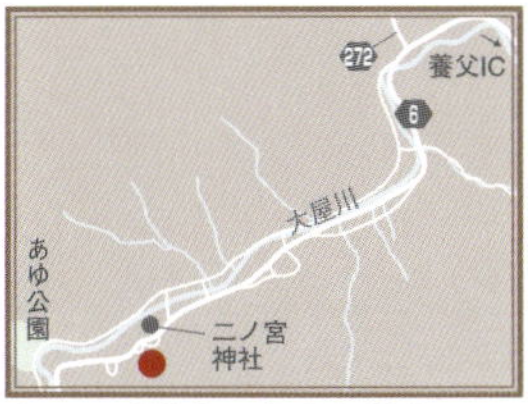

車／北近畿豊岡自動車道養父ICより13分

mi・do・ko・ro

アートなご朱印

今回本書のために書きおろしてくれた限定ご朱印以外も用意されていて、本堂にサンプルがあります。気に入った一枚があれば、その場で頼むこともできるし、HPや電話でも申し込みできます。お気に入りを探してください。

但馬

養父神社《やぶじんじゃ》

拝殿前には狛犬と猪像が見守っている。
狼を守り神とする神社の伝承にちなんで造られた

紅葉の一大名所
歴史ある但馬国の大社

５９４（崇神天皇30）年に鎮座し、「延喜式」の神名帳にも記される由緒正しい古社「養父神社」。郡名を社名にもつ神社として高い格式があり、古くから養父郡の政治的な中心地として栄えたとされています。また、戦国大名、朝倉高清が武功を挙げるための一世一代の祈願所となっていました。１８１４（文化11）年には、あの伊能忠敬が養父市内を測量し、養父神社を訪問したという記録が残っています。

また、ここは兵庫県下でも有数の紅葉スポット。秋になると全山真っ赤に染まり、多くの参拝客で賑わいます。紅葉状況もＨＰで随時更新しています。紅葉まつり限定のもみじのお守りをはじめ、縁結び、長寿祈願の「福久老《ふくろう》」守りなど、多彩な縁起物も魅力です。狼像や拝殿、鯉、紅葉などが織り込まれたオリジナルのご朱印帳やご朱印とともにいただけるポストカードにも心和みます。

079-665-0252
養父市養父市場 840
参拝時間　自由
（社務所は 8:00 ～ 18:00）
参拝料　なし
※ 11 月中は環境整備協力金 100 円
駐車場　50 台（無料）
http://www.yabu-jinja.jp/

▲中央に神社名と朱印、紅葉入りの丸い朱印も押されています。300円

中央に神社名の墨書きと水玉（神前に水をお供えする容器）の朱印、狼像の印も押されています。300円

オリジナルのご朱印帳　1,500円（ご朱印入り）ご朱印と一緒にいただけるカード

女性に人気の猫の目の鈴。猫の目のように夜光り、厄払いになる　500円

四葉のクローバーの押し花が付いた定番の幸福守　500円

夢が叶うまで持ち歩くお守り　各800円

地元のはちみつや生姜酢「養父ジンジャー」880円

「狼の宮」と呼ばれる山野口（やまのくち）神社。猪鹿の害を防ぐほか、憑き物や流行病への霊験あらたかなお宮

紅葉のシーズンには全山が真っ赤に染まり、多くの参拝客でにぎわう

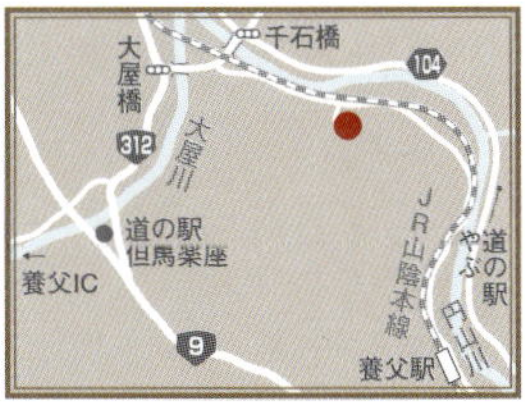

JR養父駅よりタクシーで12分
車／北近畿豊岡自動車道養父ICより10分

mi・do・ko・ro

恋昇鯉
（こいのぼり）

形もかわいい鯉の形をした恋みくじ。釣竿で好きな鯉を吊り上げ、鯉のしっぽに入った「おみくじ」で恋の行方を占います。「星座・血液型・年齢差」などが具体的に示されているのも楽しく、みんなで引けば盛り上がりそう。

但馬

宗鏡寺《すきょうじ》（沢庵寺《たくあんでら》）

本堂南庭は、中央に三尊石を表した巨石が配され、
禅寺らしい質素な造りに。紅葉の時期は額絵のような美しさ

美しい庭に癒される沢庵和尚ゆかりの寺

開山は、京都五山の一つ、東福寺の大道一以禅師で、１３９２（元中９）年、山名氏の菩提寺として、当時の城主・山名陸奥守氏清公が創建しました。山名氏の滅亡後、１６１６（元和２）年、荒廃した寺を再興したのが沢庵和尚です。以来、京都紫野大徳寺派の但馬における中本山となっています。和尚の故郷の寺であることから「沢庵寺」とも呼ばれ、出石藩主の菩提寺として栄えました。

一番の見どころは美しい庭です。秋になると、沢庵和尚が作庭した「鶴亀の庭」や「心字の池」など、境内が色づき見ごろを迎えます。

美しいご朱印をたくさんいただけるのも愛好者にはたまらないところ。和紙を使ったもの、毘沙門天や文殊菩薩が入ったもの、太陽と月が描かれたものなど多彩です。

坐禅体験だけでなく、写経や写仏体験（すべて要予約）もできるので、ぜひ体験したいですね。

0796-52-2333
豊岡市出石町東條 33
拝観時間　9:00 ～ 16:00
拝観料　300 円
駐車場　20 台（無料）
https://sukyoji.com/

▲中央に本尊の「釈迦如来」の文字と三宝印、宗鏡禅寺の寺印、それを囲むように大根が描かれています。300円

厄を祓ってくれる、古布を使った手作りの身代わり大根1,000円

池に祀る勝利の神、毘沙門尊天とその姿を入れたご朱印。700円

ブルーの和紙に金の文字で「弁財天」と書かれ、三宝印と寺印を押したご朱印。500円、（大）は1,000円

大根が博打をしているユーモアたっぷりの「襖絵」をモチーフにしたご朱印帳2,000円（ご朱印付）

保存食である「沢庵漬」にちなんだ除災招福の「幸のもの貯え守り」700円

沢庵和尚により作庭された本堂東側の「鶴亀の庭」。池の形を鶴に見立て、その中に亀島を配した池泉観賞式庭園

ご本尊の釈迦如来を祀る本堂。本堂の北側には松下幸之助氏寄進の坐禅道場があり、体験ができる（1,500円・要予約）

JR豊岡駅より全但バス「沢庵寺口」下車10分
車／北近畿豊岡自動車道日高神鍋ICより20分

mi・do・ko・ro

沢庵和尚ゆかりのスポット

沢庵和尚は、出石に生まれ、「たくあん漬」を広めたといわれています。自作の「鶴亀の庭」や「心字の池」、和尚お手植えといわれる「わびすけ椿」（写真）、和尚の夢に出てきたとされる「夢見の鐘」などがあります。

但馬

桔梗の寺《ききょうのてら》 遍照寺《へんじょうじ》

但馬七花寺霊場の一つになっているお寺。
「桔梗」は「更」に「吉」を運び幸運を招く花

四季折々の花が美しい心安らぐ麗しの桔梗寺

天平年間、名僧・行基菩薩によって開創され、760（天平宝字4）年に洛陽椋橋山住僧法爾和上が宝殿を築いて復興した寺です。ご本尊は十一面観世音菩薩。たびたび火災に遭いながらも復興を遂げ、観音堂・大師堂・持仏客殿・鐘楼堂は現存しています。2008年の御開帳を機会に「桔梗寺」を名乗り、ご本尊を「桔梗観音」として、人々の除災円満・運気向上を願っています。

境内には約1000株の桔梗が植えられ、6月中旬から8月下旬にかけて可憐な花を咲かせます。また、桔梗とともに初夏のササユリ、秋のツワブキを添えた花朱印が人気です。参拝には作法があり、まずは境内を散策、本堂でお参りして、般若心経を唱えます（要予約）。その後、客殿でおいしいお茶のご接待があります。美しい花と心救われるお話で、安らぎのひとときを過ごせます。

0796-36-3041
美方郡香美町香住区小原 616
拝観時間　8:00 ～ 17:00
拝観料 志納
駐車場　30 台（無料）
http://www.henjyoji.org/

▲右肩に「但馬七花寺霊場」、除災円満運気向上祈願所の印、中央に観音様を祀るお堂を意味する「大悲閣」の文字と梵字の宝印が押され、桔梗が描かれています。1,000円　HP申込可

中央に「大日如来」の文字と梵字の宝印が押され、ササユリが描かれています。1000円

五角の花が咲く桔梗栞の「合格しおり」1,000円

お接待の桔梗のお菓子とお茶

除災円満と運気の向上を祈願する桔梗鈴守り 1,000円

桔梗は6月中旬から8月下旬まで咲いているが、トップシーズンは7月。開花情報はHPで要チェック

桔梗が清楚な姿で楚々として咲き乱れる姿は圧巻そのもの

JR香住駅よりタクシーで12分車／山陰近畿自動車道香住ICより9分

mi・do・ko・ro

\桔梗の句碑/

遍照寺では「桔梗吟行のいざない」として、毎年「遍照寺の桔梗と矢田川流域・ジオパーク観光」をテーマに、2018年まで俳句を募集していました。5年間の大賞作品の句碑が境内に建っています。

但馬

但馬 安國寺《たじまあんこくじ》

パワースポット！

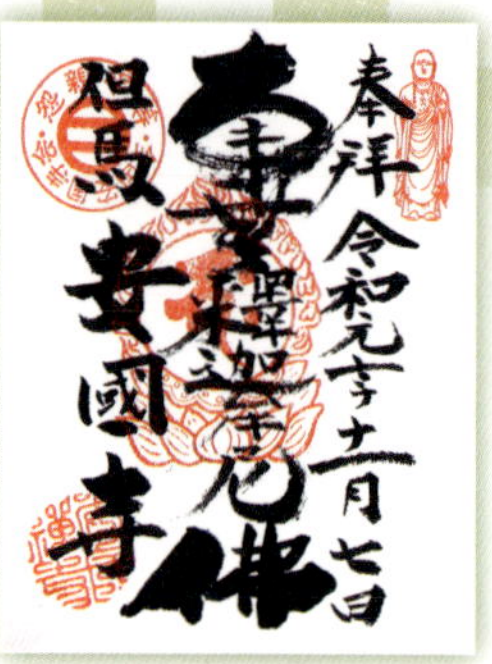

▲中央にご本尊の「南無釋迦牟尼尊」の文字とその梵字が入った宝印、左上には全国安國寺会の印、左下には寺印が押されています。３００円

1904年、本堂が再建された際に裏庭に植えられたドウダンツツジが有名

胎内銘に永正13年(1516) 11月28日と記される特別拝観の「聖観音菩薩像」

ドウダンツツジが赤く染まる 天下泰平祈願の寺の一つ

安國寺は、室町幕府初代将軍の足利尊氏が、夢窓国師に勧められて、後醍醐天皇や戦没者の慰霊のため、また天下泰平を祈願して、各国一寺を建立した68安国寺の一つ。度重なる火災でほとんどの寺宝を失いましたが、本尊の釈迦如来、室町佛の聖観音菩薩、シルク温泉ゆかりの薬師如来の三像が現存しています。毎年11月本堂裏のドウダンツツジが紅葉して燃えるような赤に染まり、座敷から障子の枠越しに見ると、まるで額に入った一枚の美しい絵のように見えます。

薬師如来は「相田温泉薬師」と命名され、但東シルク温泉の守護尊となっている

寺の周りには豊かな自然が残り、旧寺跡にはナツツバキ（沙羅）の群生なども見られる

額縁に入った名画のような美しさ

本堂から外に廻ると庭の斜面を彩っているドウダンツツジが見える

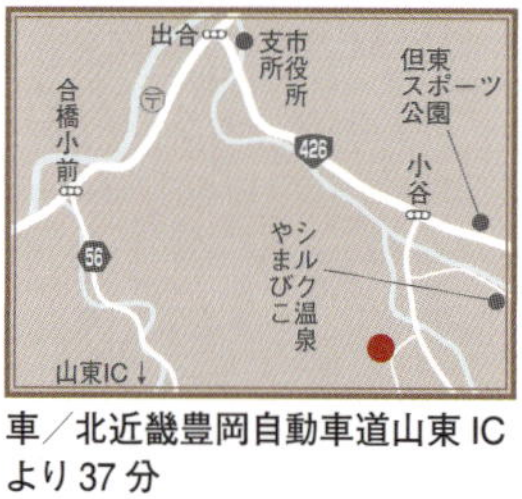

車／北近畿豊岡自動車道山東ICより37分

0796-54-0435
豊岡市但東町相田327
拝観時間　8:00～19:00（最終受付18:30）（本堂公開は11月上旬～下旬の紅葉鑑賞参拝公開期間中のみ）
拝観料　なし（紅葉鑑賞参拝公開期間中のみ300円）
駐車場　60台（無料）

播磨 但馬

伊和神社《いわじんじゃ》

伊和神社は、144（成務天皇 14）年に創建されたといわれる旧国幣中社の神社。播磨国の一宮で、総氏神様と崇められ、多くの人々から信仰されてきました。約 16000 坪もある広い境内は厳かな雰囲気に包まれています。

伊和神社の社殿が北向きに建てられる由来となった霊石「鶴石」

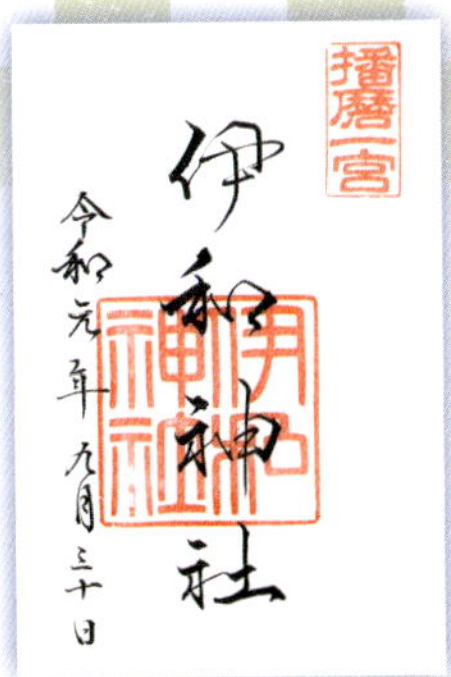

◀右肩に播磨一宮の朱印、中央に神社名の文字と社印を押しています。３００円

お守　600 円

出石神社《いずしじんじゃ》

社格の高い一宮でご利益をいただこう

日本の律令制において設置された日本の地方行政区分を令制国といって、飛鳥時代から明治時代初期まで、日本の地理的区分の基本単位でした。その制度において、国司は任国内の諸社に参拝することが定められていて、通説では一宮の起源は、国司が一番に巡拝する神社と言われています。かつては播磨国、但馬国、淡路国、丹波国、摂津国の5つの国だった兵庫県内には、いくつかの一宮があります。ご朱印帳をもって一宮めぐりをしてみませんか。

一宮めぐり！

＜伊和神社＞
0790-72-0075
宍粟市一宮町須行名 407
参拝自由（社務所は 9:00 ～ 17:00）
参拝料　なし
駐車場　30 台（道の駅いちのみや駐車場を利用）
車／中国自動車道山崎 IC より 18 分

＜出石神社＞
0796-52-2440
豊岡市出石町宮内 99
参拝自由（社務所は 9:00 ～ 17:00）
参拝料　なし
駐車場　50 台（無料）
車／北近畿豊岡自動車道日高神鍋 IC より 17 分

出石神社は、地元では「いっきゅうさん」の呼び名で親しまれる但馬国一宮。泥海だった但馬地方を、瀬戸の岩山を開いて平野にしたといわれる天日槍（あめのひぼこ）命を祭神とすることから、国土開発の祖神として土木関係者からも信仰を集めています。

コウノトリお守（子供成長・子宝・縁結）　各 850 円

◀右肩に但馬一宮の文字と朱印、中央に神社名と社印を押印。３００円

竹田城跡《たけだじょうせき》

見る

Near 養父神社　蓮華寺

標高353.7mの古城山の頂にある竹田城跡。竹田城は、但馬の守護大名・山名宗全が1443（嘉吉3）年に築かせたと伝わる城。竹田城跡は天守台を中心に3方向に大きな曲輪を配し、縄張りは南北400m、東西100mの規模を誇る。廃城から約400年を経た今もなお、ほぼそのままの状態で残されているところが最大の魅力だ。風情ある町並みが残る竹田駅北側の寺町通りも一緒に訪れたい。

◀風情ある寺町通り

住：朝来市和田山町竹田字古城山169
電：079-674-2120（情報館　天空の城）
営：8:00～18:00（時期により異なる）
休：冬季は閉山（1月4日～2月末日）
料：500円　**P**：100台（山城の郷駐車場）
アクセス：播但連絡道路和田山ICより5分
HP：http://www.city.asago.hyogo.jp/takeda/

KAKIYA 珈琲《かきやこーひー》

食べる

Near 宗鏡寺　出石神社

▶モーニングや軽食もある

焙煎したての豆を使ったコーヒーが自慢のカフェ。季節のフルーツをあしらったプレートで提供する、パウンドケーキやレモンシフォンなど4種類ある自家製ケーキが好評だ。落ち着いた雰囲気の中でゆっくりとくつろげる。

住：豊岡市出石町宵田77　**電**：090-4496-4633
営：8:00～17:00　**休**：月末の4～5日間　**P**：2台
アクセス：北近畿豊岡自動車道日高神鍋ICより20分

Cafe de Manma《かふぇどまんま》

食べる

Near 養父神社　蓮華寺

閑静なたたずまいのおしゃれカフェ。地産地消・自産自消に心がけ、地元農家から仕入れたオーガニック野菜を中心に使ったやさしい料理を提供する。生麺パスタを使ったパスタランチ（1,450円）が人気。

◀ティラミス400円とコーヒー350円

住：養父市八鹿町高柳259-1　**電**：079-662-0008
営：11:00～18:00（ランチは14:00LO）、金・土曜は18:00～21:00も営業
休：月曜　**P**：5台
アクセス：北近畿豊岡自動車道八鹿氷ノ山ICより2分
HP：https://www.facebook.com/CafedeManma

たちより ⑦

トキワ へるし〜かふぇ さとの風《ときわへるしーかふぇさとのかぜ》

食べる　買う

Near 遍照寺

「べんりで酢」でおなじみのトキワ本社にある直売所と併設したカフェでトキワの調味料を使った手作りメニューを提供している。ドリンクメニューはお酢を配合した「ブルーベリー・ラテ」が人気。販売している商品の試食コーナーもあり、旬の食材をおいしく食べるレシピ提案を行っている。

▲ブルーベリー・ラテ 358 円（テイクアウトは 350 円）

住：美方郡香美町香住区三谷 735
電：0796-36-4001　営：9:00 〜 16:00
休：不定休　P：4 台
アクセス：山陰近畿自動車道香住 IC より 5 分
HP：https://a-aji.jp/satonokaze/

プラージュ

食べる　買う

Near 遍照寺

目の前に美しい香住の浜が広がる絶好のロケーションが自慢の店。常時 20 種類の生ケーキと 10 種類の焼菓子を置く専門店で、季節のフルーツをふんだんに使ったケーキがおいしい。「香炭《かすみ》ロール」と名付けられた竹炭入りのご当地ロールや焼きドーナツは香住名物の一つ。

好きなケーキをトッピングできる「ケーキパフェ」ケーキ代＋500円◀

住：美方郡香美町香住区七日市 312-1　夕香楼しょう和内　電：0796-36-1018
営：10:00 〜 19:00（ランチは 11:30 〜 13:30）
休：火曜　P：20 台
アクセス：山陰近畿自動車道香住 IC より 4 分
HP：http://yuukarou-showa.com/

但熊《たんくま》

食べる　買う

Near 但馬安國寺

熊も住めるような自然がいっぱい残るところの食材で作る料理を提供するから「但熊」。養鶏場直送の産みたて卵を使ったおいしい「たまごかけごはん」を求めて、オープン直後に行列ができる。隣接して、プリンやロールケーキなど卵をたっぷり使ったお菓子を販売する弐番館や、卵はもちろん地元の新鮮野菜などを販売する百笑館もある。

▲卵かけごはん定食 400 円

住：豊岡市但東町栗尾 916（弐番館は 912-1）
電：0796-55-0901（弐番館は 0902）
営：9:00 〜 18:00（17:30LO）
休：年末年始、8/14　P：50 台
アクセス：北近畿豊岡自動車道山東 IC より 30 分
HP：https://www.eonet.ne.jp/~tankuma/

遠くからもひときわ目立つ朱塗りの大鳥居。高さ 21.7m で日本三大鳥居の一つといわれる

淡路

おのころ島神社《おのころじまじんじゃ》（自凝島神社）

「生み」のパワーにあふれる日本発祥の地

白凝島神社は、男神・伊弉諾命《いざなぎのみこと》と女神・伊弉冉命《いざなみのみこと》の国生みの聖地と伝わる丘の上にあり、古くから崇敬されてきました。『古事記』や『日本書紀』によると、国土創生のときに、二神が天の浮橋に立って、天の沼矛《ぬぼこ》で青海原をかき回し、その矛から滴る潮がおのずと凝り固まってできたのが「自凝島《おのころじま》」。二神はこの島に降り立ち、淡路島をはじめ日本の国土を生んだとされています。

朱塗りの大鳥居のふもとにあるこの神社は、こぢんまりとしていますが重厚な雰囲気。二神の国生みのきっかけとなった「鶺鴒石《せきれいいし》」はパワースポットとしても有名。紅白の綱がかけられ、ご縁を求めるときは紅→白、絆を深めたいときは白→紅を握ってお参りします。「安産の塩砂」がある「お砂所」や二神の子神を祀る八百萬神社もあり、良縁堅固、夫婦和合、健康長寿などのご神徳があります。

0799-42-5320
南あわじ市榎列下幡多 415
参拝時間　9:00 ～ 17:00
参拝料　なし
駐車場　100 台（無料）
http://www.freedom.ne.jp/onokoro/

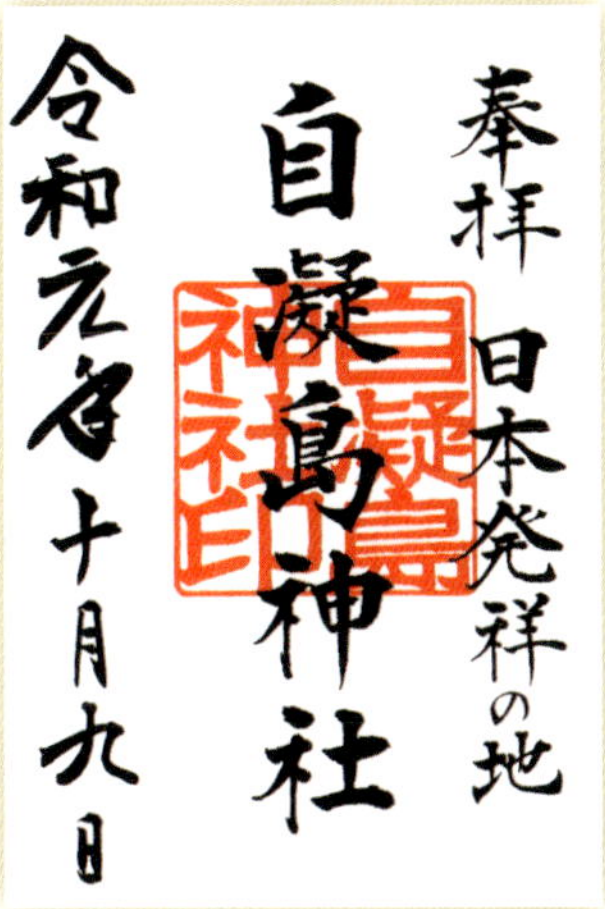

▲「奉拝」の下には「日本発祥の地」の文字。中央に神社の名前と朱印が押されています。500円

月替わりご朱印の一例。月ごとに季節に合った絵柄に変わります。500円

えんむすび御守り。男性用は赤、女性用は白。各800円

国生み神話をモチーフにした絵馬。500円

縁結び絵馬　500円

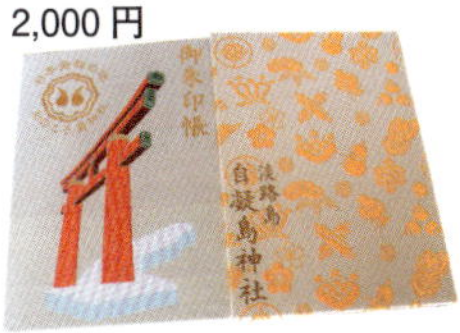

淡路島の上に立つ大きな鳥居を表紙に裏表紙には縁起物を入れたご朱印帳
2,000円

縁結びにご利益がある「鶺鴒（せきれい）石」。二尊が国生みをするとき、鶺鴒の交尾の姿を見て夫婦の道を開かれたそう

伊勢神宮と同じ神明造の正殿

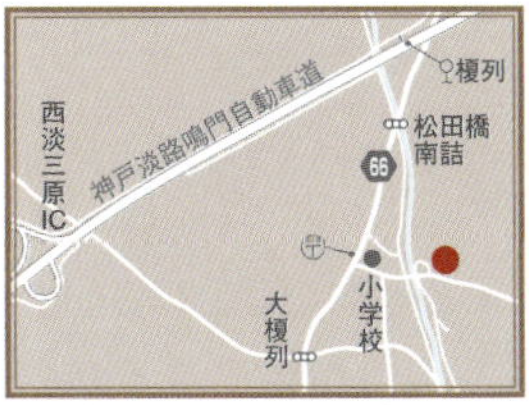

高速舞子バス停より高速バス福良行きで榎列下車10分
車／神戸淡路鳴門自動車道西淡三原ICより7分

mi・do・ko・ro

国生み神話ゆかりの地

近隣には、伊弉諾尊と伊弉冉尊の二神がここに降り立ったと伝わる「天の浮橋」や、二神が創った日本国土全体を指す言葉「葦原（あしはら）の国」の石碑もあります。HPに案内地図があるので参考にしましょう。

伊弉冊尊を主祭神に、速玉之男尊（はやたまのおのみこと）、事解之男尊（ことさかのおのみこと）を祀っている

淡路

諭鶴羽神社《ゆづるはじんじゃ》

淡路島最高峰で自然の宝庫 パワーみなぎる聖なる山

およそ2150年前、第九代開化天皇の御代に伊弉諾尊《いざなぎのみこと》、伊弉冊尊《いざなみのみこと》の二柱の神様が鶴の羽に乗って、高天原で遊んでいました。その姿を見た狩人が矢を放ちました。羽に傷を負った鶴は、諭鶴羽山頂にあるカヤの大樹にとまり、人の姿となって狩人の前に現れました。二神は自分たちの正体を告げて、国家安全・五穀豊穣成就を守るためこの山に留まり、諭鶴羽大神となると宣言しました。

悠久の昔より自然崇拝、山岳信仰が始まり、諭鶴羽山は神聖な山として崇められてきました。中世には、熊野三山と並んで修験道の聖地として熊野権現元宮といわれ「熊野本宮」と称されました。最近では、諭鶴羽神社が、「ゆづる」の名前が付いていることから、オリンピック2連覇を果たした羽生結弦選手が訪れており、ファンの聖地になっています。この山全体からパワーをいただけそうです。

090-3990-5334
南あわじ市灘黒岩 472
参拝時間　自由（社務所は 9:00 ～ 17:00）
※社務所は不在時あり
参拝料　なし
駐車場　15 台（無料）
https://yuzuruha.jimdo.com/

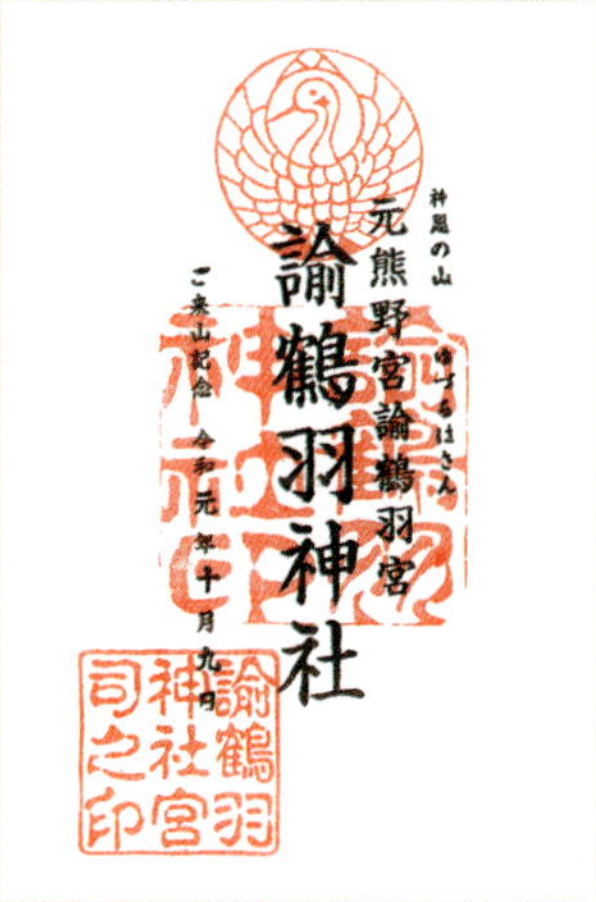

▲中央に神社名の印、神紋と神社名の朱印が押されています。不在の場合は書置きあり。300円

十二所神社に安置している神仏を刻んだ碑石群

縁結びの御守り 500円

身守り御守り　各500円

縁起絵馬　500円

ちりめんご朱印帳（3色）1,500円（ご朱印付）

諭鶴羽山縁起に伝わる古いお社で、元の諭鶴羽神社とされる奥ノ院（篠山神社）。山頂までの道の途中にある

兵庫の巨樹・巨木の親子杉

車／神戸淡路鳴門自動車道西淡三原 IC より 50 分
（アクセス困難につき送迎も利用可。HP 参照）

mi・do・ko・ro

諭鶴羽山 山頂

山頂は、二神が鶴羽に乗ってカヤの大樹に舞い降りた場所で、頂上社があります。標高608mの諭鶴羽山の山頂からは、大阪湾、瀬戸内海、紀伊水道などを望む大パノラマが広がっています。本社から徒歩約15分。

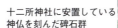

松帆神社《まつほじんじゃ》

ご祭神は八幡大神「応神天皇」ほか二柱。厄除開運、成功勝利などのご利益がある

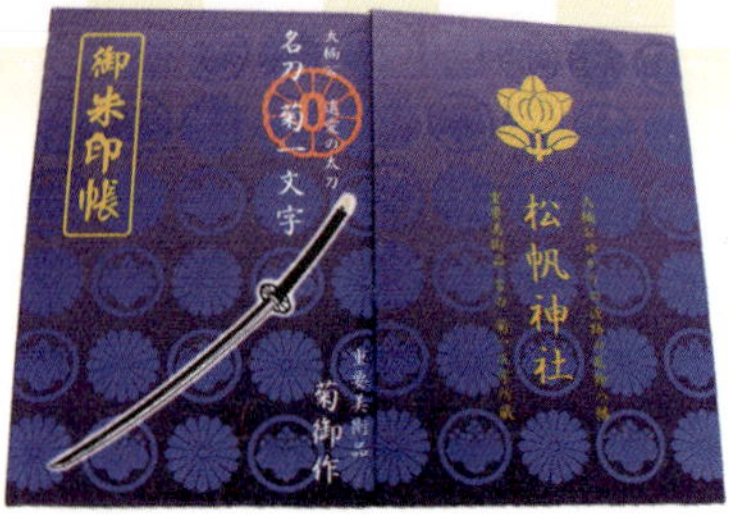

天皇家のシンボルである十六菊紋と五三の桐紋の柄をバックに、神社の橘紋と名刀菊一文字が描かれた勇ましいご朱印帳。1,700円

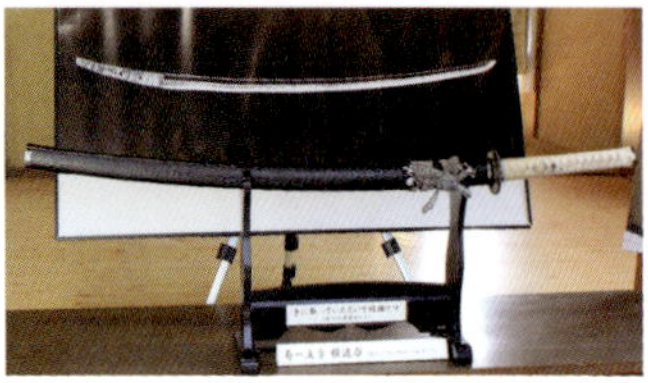

菊一文字のレプリカ。10月の例大祭時に本物が公開される

名刀菊一文字所蔵
大楠公ゆかりの厄除八幡

このご朱印帳！

南北朝時代、１３３６(延元元)年、楠木正成公が湊川の戦で戦死する際、日頃から信仰してきた八幡大神を家臣らに託して戦場から逃れさせ、家臣たちは小舟で淡路島にたどり着きました。このご神体を祀った社の霊験あらたかなことが評判となり、領主の命で現在の社地に奉還されたのです。神社の社宝、名刀「菊一文字」は、承元時代作の逸品。後醍醐天皇より大楠公に賜ったものと伝わっています。社務所には、そのレプリカ等各種資料を展示しています。

菊一文字の太刀守り（左）600円、（右）500円

淡路島に逃げた一行が一匹のウサギに助けられ逃げ延びることができた逸話からの「厄除の兎」600円

菊一文字の絵馬 600円

鼂屓(ひいき)の語源となった中国の伝説の霊獣「鼂屓（大神亀）」

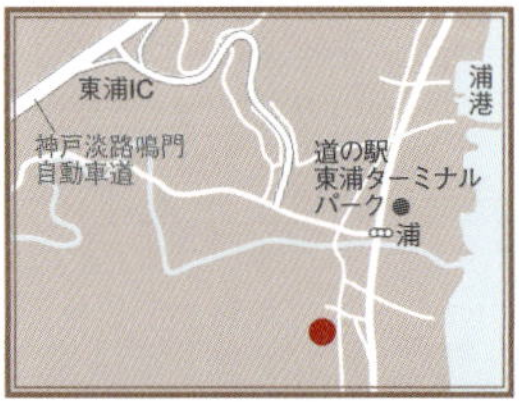

車／神戸淡路鳴門自動車道洲本ICより30分

◀菊一文字の鍔（つば）の部分をかたどったなかに神社名を入れた朱印を押しています。３００円

0799-74-2258
淡路市久留麻256
参拝時間　自由（社務所は9:00～17:30）
参拝料　なし
駐車場　30台（無料）
http://matsuhojinjya.com/

淡路

日光寺《にっこうじ》

◀見開きサイズで、文字はご詠歌、寺名の宝印と本尊・阿弥陀如来の梵字の宝印が押されています。淡路島をかたどり花鳥風月が描かれた朱印と、寺名の銅鐸印が押されています。700円

本堂には、本尊の阿弥陀如来が祀られている

淡路島で一番古い、樹齢750年の夫婦柏槙

他にないご朱印がステキ 聖徳太子開山の寺

このご朱印！

612（推古天皇21）年、聖徳太子によって開山された寺。太子が淡路に訪れた時、慶野海浜で如意輪観音菩薩像をみつけ、その場所に七堂伽藍を建立し、観音像を祀るとともに自身の木像も安置したことが始まりです。

本堂横の薬師堂は乳授け薬師としても有名で、樹齢750年の夫婦柏槙《びゃくしん》があり、夫婦円満、子宝、恋愛成就の祈願所としても知られています。ご朱印の寺名印は、江戸時代にこの寺で出土した銅鐸のレプリカ印です。

子授け薬師といわれる「薬師堂」

開基は聖徳太子。一回回すと般若心経を一巻読んだのと同じ功徳がいただける摩尼車も置かれている

四天王を安置した四天王門

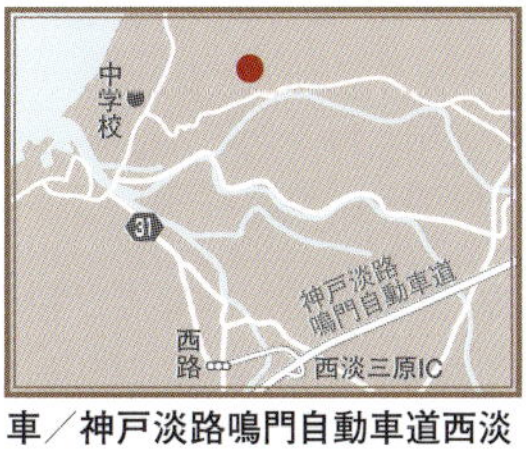

車／神戸淡路鳴門自動車道西淡三原ICより8分

0799-36-5169
南あわじ市松帆櫟田196
拝観時間　9:00～17:00（ご朱印を授与したい場合は要予約）
拝観料　なし
駐車場　50台（無料）
https://nikko-ji.com/

由良湊神社《ゆらみなとじんじゃ》

女性は厄除け祈祷がおすすめ 罪や穢れを祓い清める神社

このご朱印帳！

創立年代は不祥ですが、淡路上陸の要所として栄えた由良水門の守り神として祀られたものと思われます。罪や穢れをはらい清める速秋津日古神《はやあきつひこのかみ》・速秋津比売神《はやあきつひめのかみ》と国家泰安や武運長久の品陀別尊《ほむだわけのみこと》（八幡さま）をお祀りし、災厄除け・子孫繁栄・海上安全の信仰があります。特に速秋津比売神は大祓の神事に奏上される「大祓詞」に登場し、海に流された罪や穢れを飲み込んでしまいます。そのはらい清めのご神徳を賜るべく、女性のための厄除け祈祷を行っています。

御祭神「速秋津比売神」の、祓い清めのご神徳を表現すべく作製されたご朱印帳。1,500円（ご朱印込み）。郵便での授与も可能で 2,000円（送料・手数料込み）

脇の布が一つずつ違う女の御守り「姫御守」800円

波しぶきをデザインした男のお守り「彦御守」800円

▲右肩に「淡路由良鎮座」の墨書き、中央に神社名「由良湊社」の朱印が押されています。500円

同地区にある生石公園の展望台からは、「淡路橋立」と称される成ヶ島をはじめ、大阪湾と紀淡海峡が一望できる

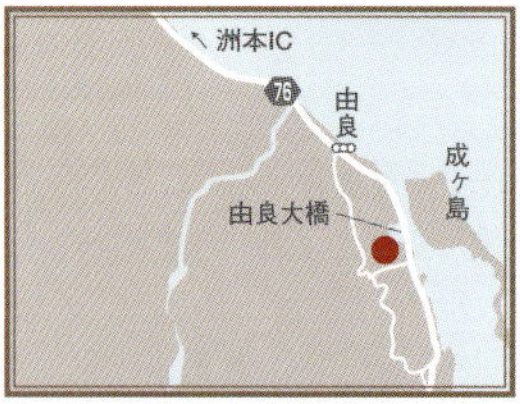

車／神戸淡路鳴門自動車道洲本ICより30分

0799-27-0562
洲本市由良 3-5-2
参拝時間　自由（ご朱印を授与したい場合は要連絡）
参拝料　なし
駐車場　あり（無料・要予約）
http://www.eonet.ne.jp/~yuraminato/

沼島八幡神社《ぬしまはちまんじんじゃ》

自凝神社《おのころじんじゃ》

国生み神話最大の舞台にして ご利益最大のパワースポット

沼島は「沼矛の島」からの地名。国生み伝承の舞台といわれる巨大な奇岩「上立神岩（かみたてがみいわ）」。中央部がハート型にくぼんでいて、最近では夫婦円満・恋愛成就のパワースポットとしても人気

沼島八幡神社の御影石の長い石段

全国的にも珍しい逆羅針盤が沼島八幡神社の拝殿の天井に奉納されている

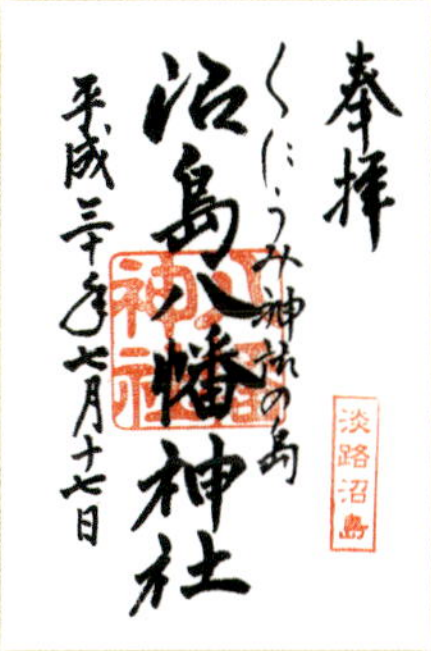

▲沼島八幡神社：中央に神社名と社印、その横に「くにうみ神話の島」の文字、右下に淡路沼島の朱印を押しています。300円

「国生みの地」と伝えられる候補地は日本各地に存在していますが「聖地・おのころ島」の最有力候補地といわれる沼島。島全体が国生みのパワーにあふれています。

自凝神社は、天地創造の神である伊弉諾尊《いざなぎのみこと》、伊弉冉尊《いざなみのみこと》の二神を祀っています。この山全体がご神体で、地元では「おのころさん」と呼ばれ親しまれています。また沼島八幡神社は1436（永享8）年、梶原俊景が京都石清水八幡宮の分霊を、阿万八幡宮を通じて勧請し創建したと伝えられています。

かつては上立神岩以上に高かったらしい下立神岩（しもたてがみいわ）

伊弉諾尊、伊弉冉尊の二神の像

▲自凝神社：中央に神社名と社印、その横に「はじまりの島」の文字、右下に淡路沼島の朱印を押しています。300円

自凝神社までは、まっすぐな100段の階段を上ると到着する

パワースポット！

＜沼島八幡神社＞
0799-57-0146
南あわじ市沼島 2521
参拝時間　自由（社務所は 9:00 ～ 17:00）
参拝料　なし

＜自凝神社＞
0799-57-0777（吉甚）
南あわじ市沼島
参拝時間　自由（ご朱印は沼島八幡神社へ）
参拝料　なし

（沼島）神戸淡路鳴門自動車道西淡三原 IC より 26 分、沼島汽船土生営業所より船で 10 分

淡路

七福神めぐり

国生みの神話によれば、伊弉諾命と伊弉冉命が最初に創った島が淡路島とされています。淡路島には400余りの古刹が点在しており、とりわけ七福神は、古くから篤い信仰を集めてきました。恵美酒大黒をはじめ、七福神をそれぞれお祀りする寺院が島全体に点在し、まさに淡路そのものが七福神乗り合いの宝船と見立てられます。7カ寺をすべて回れば島をぐるりと一周でき、開運招福のお参りの旅となります。ご朱印は各寺300円で受けられます。

【寿老人】宝生寺《ほうしょうじ》

740年、聖武天皇の勅命により、行基が自ら刻んだ地蔵菩薩を安置したのがはじまり。右手に長寿の杖、左手に若さのシンボルである桃を持つ寿老人は、達者で長寿を授ける神。境内の長寿橋を一度渡ると10年長生きできるといわれています。

<参拝記念品>
ポストカード

住：淡路市里 326
電：0799-62-2905
P：50 台（無料）

祈願寿老人　各 500 円

【お参りの仕方】

最初にお参りしたお寺でハッピー券を発行してもらい、各寺で祈願料200円を納めると、開運祈願や法話など各寺で趣向を凝らした接待が受けられます。お参りはどの寺からはじめても OK 。7カ寺を参詣し、ハッピー券に福印が7つそろうと吉兆福笹が授与されます。

参拝受付：8：00 ～ 17：00
問い合わせ：0799-65-0026
（代表：八浄寺）

【毘沙門天】覚住寺《かくじゅうじ》

592年、聖徳太子の勅命により創建されたと伝わる寺で、淡路島最古の寺院の一つとされています。清く、正しく、力強く生き抜く勇気と決断を授ける神「毘沙門天」が祀られており、1月1日～旧正月3日にご開帳されます。

白へびのお守り
600 円

<参拝記念品>
延命長寿や無病息災を願う福寿延命箸

住：南あわじ市神代社家 343
電：0799-42-0436
P：30 台（無料）

【弁財天】智禅寺《ちぜんじ》

大日如来をご本尊とし、仏法有縁の修行道場として開かれました。音楽の神であり、水を司る弁財天は紅一点の神様。智恵と財産を授け、言葉づかいも音楽の一つとして他人を思いやる良妻賢母の道を示します。

＜参拝記念品＞
般若心経がしたためられた燈明消し

男性が金色、女性が銀色を持つ「金銀如意宝珠御守」各500円

住：淡路市草香436
電：0799-86-1472
P：50台（無料）

【大黒天】八浄寺《はちじょうじ》

淡路七福神霊場の総本院。室町時代から続く高野山真言宗の古刹。1・5・11月の26日のみ開帳される秘仏「開運大黒天」は、身・心の福徳を授ける神。本堂の屋根には日本でここだけという鬼瓦ならぬ福瓦がのっています。

＜参拝記念品＞
幸福を願った幸せ三倍マッチと幸せが実る花の種

住：淡路市佐野834
電：0799-65-0026
P：30台（無料）

「身代り石」500円

【福禄寿】長林寺《ちょうりんじ》

737年、行基が七堂伽藍を創建し本尊十一面観音菩薩像を安置したのがはじまり。901年、菅原道真公が参詣したという言い伝えが残っています。福禄寿は大願成就を授ける神。寺では全長90㎝の福禄寿が迎えてくれます。

＜参拝記念品＞
福禄寿・鶴と亀のイラストが表紙を飾るメモ帳

「目出度福禄寿七福神守護」600円

住：洲本市五色町都志万才975
電：0799-33-0121
P：20台（無料）

【布袋尊】護国寺《ごこくじ》

行教上人が開創された由緒ある古刹。境内には江戸初期の池泉廻遊式庭園があり、桃山風の雰囲気がみなぎっています。家庭円満・和合を授ける神「布袋尊」。本堂にはたくさんの布袋さんの木像が置かれています。

＜参拝記念品＞
「笑門来福」のカードが入ったミニポケットティッシュ

交通安全ステッカー800円

住：南あわじ市賀集八幡732
電：0799-54-0259
P：50台（無料）

【恵美酒太神】萬福寺《まんぷくじ》

770年～淳仁天皇の御陵と母である当麻夫人の墓守を勤める僧侶の宿坊として創建、その後1394年～加集氏により再建されました。日本一の大きさを誇る一刀彫の恵美酒さまが参拝者を迎えてくれます。幸せの釣り方を授ける神です。

＜参拝記念品＞
合格祈願鉛筆

家の内側につける「門守り」1,000円

住：南あわじ市賀集鍛冶屋87-1
電：0799-54-0244
P：30台（無料）

樂久登窯《らくとがま》　+gallery+cafe+honey

見る　食べる　買う

Near おのころ島神社　日光寺

築100年以上の古民家をリノベートしたギャラリーカフェ。陶芸家の店主の工房と、作品を展示・販売するギャラリーにカフェを併設している。カフェでは、近隣の農家からの季節のフルーツや淡路の卵、牛乳などを使って丁寧に手作りしたスイーツを提供。コーヒーは高校時代からなじみの「東洋コーヒー」を淹れる。

◀パウンドケーキ 350 円、コーヒー 400 円

住：洲本市五色町鳥飼浦 2667-2
電：0799-34-1137
営：10:00 ～ 17:00
休：火・水曜
P：20 台
アクセス：神戸淡路鳴門自動車道西淡三原 IC より 14 分
HP：http://rakutogama.com/

洲本レトロこみち《すもとレトロこみち》

食べる　買う　見る

Near 由良湊神社

「歴史ある洲本の町ににぎわいを取り戻そう」と、地元のボランティアによる町おこしで息を吹き返した小さな路地。昔懐かしおふくろの味「こみち食堂」紅茶と焼き菓子・ジェラート・チャーシュー・海鮮丼・カレー・アンティークショップなど個性的でレトロな店やおしゃれな店が軒を連ねる。年2回春と秋に「城下町洲本レトロなまち歩き」というイベントや毎月第1日曜日に「おもっしぃ市」も開催し、大いに盛り上がる。

◀淡路牛すじこん丼はこみち食堂の名物

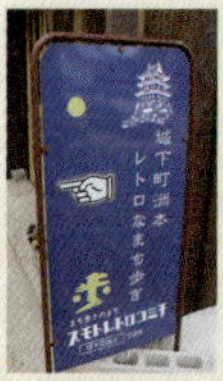

▲第八成丸の漁師バーガー

住：洲本市本町 5、本町 6・7、栄町 2 界隈
電：090-2195-1293（事務局）
営：店舗により異なる
休：店舗により異なる
P：なし
アクセス：洲本高速バスセンターより 5 分
HP：http://sumoto-retro.blogspot.jp/

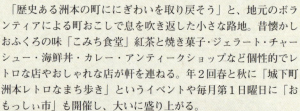

体ヨロコブごちそう cafe 菜と根 kitone《からだよろこぶごちそうかふぇきとね》

食べる　買う

Near　おのころ島神社　日光寺

肉・魚・野菜は淡路島のものをメインに使って、昔おばあちゃんが作ってくれたような料理を作る。そんな店主が作る料理を求めて30～80代という幅広い年代が店に集う。料理以外の備品や販売する商品も作り手の気持ちが伝わるようなものをセレクト。

▶ビュッフェスタイルのランチプレート「まんぷく島の昼ごはん」1,250円（ごはん、味噌汁付）

住：南あわじ市賀集八幡 308-1　**電**：0799-50-2213
営：11:00～18:00（17:30LO）
休：水曜　**P**：6台
アクセス：神戸淡路鳴門自動車道西淡三原ICより9分

Gエルム《じーえるむ》

食べる　買う

Near　おのころ島神社　日光寺

◀シングル300円
ダブル350円

独自の製法で作るアイスクリームは常時14種類。レパートリーは50種類にものぼる。果実系フレーバーは主に淡路産素材にこだわり、ダントツ人気の「しぼりたて牛乳」は契約農家の搾りたてのものしか使わない。濃厚なのに後味すっきりで美味。

住：南あわじ市福良甲 1530-2　**電**：0799-50-2332
営：10:00～17:30（なくなり次第閉店）　**休**：水・木曜
P：100台（道の駅福良の駐車場を利用）
アクセス：神戸淡路鳴門自動車道淡路島南ICまたは西淡三原ICより11～13分

うずの丘 大鳴門橋記念館《うずのおかおおなるときょうきねんかん》

食べる　買う　見る

Near　おのころ島神社　日光寺

淡路島の最南端、丘の上に立つ施設。2階にある絶景レストランでは、その名の通り絶景と島のごちそうを満喫できる。「たまねぎキャッチャー2号機」をはじめ、巨大オブジェ「おっ玉葱」や「顔出しパネル」など、タマネギをテーマにした楽しい企画がいっぱい。オリジナル土産や地元名産品も充実している。

▲淡路牛！にくひつまぶし（サラダ・漬物付）2,530円

▲巨大オブジェ
「おっ玉葱」

住：南あわじ市福良丙 936-3
電：0799-52-2888
営：9:00～17:00（レストランは10：00～15:30）
休：火曜
P：130台
アクセス：神戸淡路鳴門自動車道淡路島南ICより2分
HP：http://kinen.uzunokuni.com/

ご朱印&ご朱印帳コレクション

◆北野天満神社 （→ P18）

天神さんと縁が深い牛と梅の花が描かれたご朱印帳　各 2,000 円

◆綱敷天満宮 （→ P28）

サーフボードとなすの
イラスト入りご朱印帳 3 色
各 1,700 円（ご朱印付）

◆尼崎えびす神社 （→ P40）

イラストがキュートな限定ご朱印帳は、えべっさんのご朱印付き。どんなご朱印かは開いてからのお楽しみ。　各 2,000 円

上 / 願掛けきつねが描かれた高宝院稲荷のご朱印　300 円
下 / 一人ひとり違う絵とメッセージ入りのご朱印「宮司の無絵心ご朱印」500 円

◆書寫山 圓教寺（→ P52）

性空上人の傍らに仕えていた
乙天・若天のご朱印帳
各 1,700 円

◆櫻井神社（→ P44）

尼崎城と尼崎城の鯱が描かれた
ご朱印帳　2,000 円

◆赤穂大石神社（→ P74）

上 /12 月 14 日の赤穂義士祭の日にだけいただける、大石家と浅野家の家紋入り限定ご朱印　500 円

下 / 討ち入りの場面の浮世絵をモチーフにしたご朱印帳　1,200 円

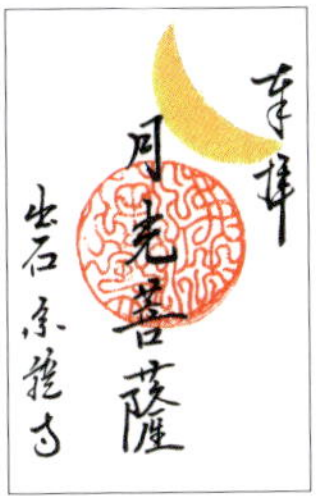

◆宗鏡寺（→ P102）

左・中 / 太陽と月が描かれた、ご本尊・釈迦如来の脇仏である日光菩薩と月光菩薩のご朱印
各 300 円
右 / 禅堂に祀られている文殊菩薩のご朱印
500 円

◆ KABURA（→ P96）

丹波布と名塩和紙を使った
ご朱印帳

大 8,500 円

小 4,200 円

お守り＆おみくじコレクション

◆生田神社（→ P14）

夫婦で１体ずつもつ
生田神社の子授け守
1,500 円

桜とハートがかわいい
桜恋守　1,000 円

健康御守　各 500 円

水に浮かべると
文字が出てくる縁結びの
水みくじ　300 円

◆西宮神社（→ P32）

えびす様・だいこく様の「えんむすび御守」　500 円

商売繁盛を祈願する「開運御守」
700 円

1 月 1 日～ 11 日限定の
「鯛みくじ」 300 円

◆廣田神社（→ P34）

試合や勝負事の勝利を祈願
「勝運守」　800 円

◆念仏寺（→ P30）

飾ってもかわいい十二支おみくじ　各 600 円

◆鹿嶋神社（→ P62）

一願成就だるまみくじ　300 円

◆水堂須佐男神社（→ P45）

拝殿の天井画をモチーフにした
お守り　800 円

◆櫻井神社（→ P44）

えんむすびお守り　800 円

◆播州清水寺（→ P68）

ひもの色を 5 色から選べる
寺紋柄ポーチ　各 1,200 円

◆養父神社（→ P100）

紅白の鯉の形をした恋みくじ
「恋昇鯉《こいのぼり》」 300 円

もみじまつり限定の
お守り　500 円

◆水尾神社（→ P77）

羽子板絵馬 800 円
裏に千姫天満宮宛の住所が書かれているので、願い事を書き、切手を貼って送れば奉納してもらえる

◆弓弦羽神社（→ P22）

神社のシンボル八咫烏が描かれた
絵馬各種 800 円

サッカー絵馬

からす絵馬

社印絵馬

八咫烏のキャラクター
「ゆず丸」のご朱印袋
1,200 円

INDEX

な

は

ま

や

ら・わ

INDEX

あ

か

さ

た

取材・撮影
磯本歌見
安田良子

デザイン・DTP
益田美穂子（open!sesame）
山本瑞穂（monocoto-design）

地図
松田三樹子

編集
OFFICE あんぐる

兵庫　ご朱印めぐり旅　乙女の寺社案内

2019 年 12 月 25 日　第 1 版・第 1 刷発行

著　者　あんぐる
発行者　株式会社メイツユニバーサルコンテンツ
（旧社名：メイツ出版株式会社）
代表者　三渡　治
〒102-0082 東京都千代田区平河町一丁目1-8
TEL：03-5276-3050（編集・営業）
03-5276-3052（注文専用）
FAX：03-5276-3105
印　刷　三松堂株式会社
ISBN978-4-7804-2278-8 C2026 Printed in Japan.

ご意見・ご感想はホームページから承っております。
ウェブサイト http://www.mates-publishing.co.jp/

編集長：折居かおる　副編集長：堀明研斗　企画担当：折居かおる